心理支援

野島一彦・岡村達也 監修

Certified Public Psychologist
公認心理師
実践ガイダンス
2

木立の文庫

監修者まえがき

野島一彦・岡村達也

　2018年4月に公認心理師法第7条（受験資格）第1号に基づく公認心理師の養成がスタートした。また同じく9月には、公認心理師法附則第2条（受験資格の特例）に基づく経過措置による公認心理師の本試験、同12月には（北海道胆振東部地震の影響による）追加試験が実施され、28,574名が合格した。2018年は公認心理師の"現実化"元年と言ってもよかろう。

　ここに言う"現実化"とは、公的存在としての心理専門職の創出とその基盤となる法、公認心理師法〔2015年9月9日成立／16日公布／2017年9月15日施行〕の"実現"に続く段階として、その実体を確実に創出する道筋のことである。すなわち、「養成の充実」と「有為な公認心理師の輩出」、「職能団体の成熟」と「公認心理師の終わることのない技能の維持向上」を担保する道筋のことである。

　公認心理師の養成に向けて、公認心理師カリキュラム等検討会『報告書』〔2017年5月31日〕は、公認心理師のカリキュラム等に関する基本的な考え方、それを踏まえたカリキュラムの到達目標、大学及び大学院における必要な科目の考え方、大学及び大学院における必要な科目等について取りまとめている。

　それによれば、大学における必要な科目は25科目（心理学基礎科目：6科目、心理学発展科目：17科目、実習演習科目：2科目）、大学院における必要な科目は10科目（心理実践科目：9科目、実習科目：1科目）である。

そして、大学院における必要な科目のうち心理実践科目の九つは、「保健医療」「福祉」「教育」「司法・犯罪」「産業・労働」という"五つの分野"に関する理論と支援の展開と、「心理的アセスメント」「心理支援」「家族関係・集団・地域社会における心理支援」「心の健康教育」という"四つの業務"（公認心理師法第2条（定義））に関する理論と実践とから成る。

　ここに公刊される《公認心理師 実践ガイダンス》全四巻は、大学院における必要な心理実践科目の"四つの業務"に関する理論と実践について、それぞれひとつの巻を充てている。

　これら四巻のうち前三巻『1. 心理的アセスメント』『2. 心理支援』『3. 家族関係・集団・地域社会』は、臨床心理士の専門業務のうち「臨床心理査定」「臨床心理面接」「臨床心理的地域援助」にほぼ対応するが、四巻目『4. 心の健康教育』は、臨床心理士の専門業務としては明示されていない。公認心理師の"四つの業務"のひとつとしてこれが位置づけられたことは、大きな特徴であり意義がある。

　つまり、従来の臨床心理士の業務は「不適応の状態から適応の状態への回復」を主におこなうといったニュアンスが強いのに対して、公認心理師では、それとともに、「不適応の状態を生まない予防」も業務であることが強調されているのである。まさに、法の趣旨を反映するものである（公認心理師法第1条（目的）――この法律は、公認心理師の資格を定めて、その業務の適正を図り、もって国民の心の健康の保持増進に寄与することを目的とする）。

　また、臨床心理士養成では、業務についての大まかな方向性の提示はおこなわれているが、公認心理師養成ではさらに進んで、細かく丁寧にその内容が提示されている。

この《公認心理師 実践ガイダンス》（全四巻）では、公認心理師カリキュラム等検討会『報告書』に準拠し、細かく丁寧に業務の方向性と内容を検討し、"四つの業務"について学べるようになっている。各巻の編者は、ベテランというより、これからのわが国の公認心理師の"四つの業務"をさらに充実・拡大していくことが期待される気鋭の中堅である。読者には、これら編者ならびに執筆者とともに、あすの公認心理師の現実化へと歩を進められることを心から願っている。

目　次

監修者まえがき ……………………………………………………………… 001

序　論 …………………………………………………………………………… 009

（理論篇）

第1章　力動論に基づく心理療法 ……………………………… 019

第2章　行動論・認知論に基づく心理療法 …………………… 035

第3章　その他の心理療法 ……………………………………… 051

人に向きあうアプローチ …………… 052

クライエント中心療法 …………… 053

フォーカシング …………… 064

実存的アプローチ …………… 066

社会構成主義とナラティヴ・セラピー …………… 069

統合的心理療法 …………… 070

表現療法 …………… 072

日本で誕生した心理療法 …………… 073

実践篇

第1章 保健医療分野 ……………………………………………… 081
　　　事例　　力動論 ／ 行動論 ／ その他の視点からのコメント

第2章 福祉分野 …………………………………………………… 095
　　　事例　　力動論 ／ 行動論 ／ その他の視点からのコメント

第3章 教育分野 …………………………………………………… 111
　　　事例　　力動論 ／ 行動論 ／ その他の視点からのコメント

第4章 司法・犯罪分野 …………………………………………… 129
　　　事例　　力動論 ／ 行動論 ／ その他の視点からのコメント

第5章 産業・労働分野 …………………………………………… 145
　　　事例　　力動論 ／ 行動論 ／ その他の視点からのコメント

編者あとがき …………………………………………………………… 163

索　引 …………………………………………………………………… 167

凡　例
- 本書に収められている事例はすべて、現実のソースをもとに、個人が特定できないよう十全に修正・省略などを施したものである。
- 本文中、行間のレファレンス記号・番号は、当該事項が他巻で触れられている箇所を記しており、全巻を横断しての参照に資することを期して振られている。
　例）▶2-135　は「2 心理支援」の巻の135頁に言及があることを示す。

公認心理師 実践ガイダンス 2

心理支援

小林孝雄・金子周平 編著

assistant planner
Kumi MIYAKE

associate editor
Akiko KOBAYASHI

序　論

小林孝雄・金子周平

　現場で実際に活きる、つまり、支援者として関わることになった具体的なあるひとに対して実際に助けになる "心理支援" とは、どのようにして学び、身につけていくことができるのだろうか。

　編者らは、心理臨床に携わる者としてはおそらく中堅の部類に入る。自分たちは、大学院でどのように学び、現場に出てどのように経験し、学びの場をどのように持ち、さまざまな立場の人たちとどのように学び合い、学んだことをどのように実践に結びつけ、また実践で経験したことをどのように学んだことと結びつけてきただろうかと、いま振り返ってみる。

　その道筋は、あらかじめ想定されていたルートを段階を追ってステップアップしてきたというようなものではなかったと思う。日々目の前のことがらに身を投じながら、その都度その都度起こる想定内外のことを体験し、その体験について、これまで学んだことを思い返したりあらたに何かを求めて学んだり、先輩や先生たちの姿を見たり直接の示唆や教えを受けたりしながら、その体験の意味を吟味し、「次にクライエントに会うときには、少しでも見通しをもっておきたい」と思いながら、もがいてきたことがほとんどだったと思う。そして、今もそうした学びの途上にある。

1. 心理支援について学ぶことにおける本科目の位置づけ

　大学院科目として《心理支援に関する理論と実践》が設けられた。先述のとおり、習得のゴールとそこまでの道筋をあらかじめ想定しておくことはできない。したがって、この科目では、主要な理論的知識について特に現場で必要となる内容に焦点を当て、そしてその知識を、現場でのクライエント理解、介入の方針の策定と介入の結果の評価、支援のプロセスの理解と評価、などにどう用いるか？　その用い方について、支援者としての長い道のりの歩み出しに必要と思われることがらを扱うことになるのだろう。

　もちろん、理論的知識を網羅することは不可能であるし、想定内外の事態の種類を網羅することもできない。限られた理論を学び、限られた事態においてどうそれを活用するか、活用されるかを、一般論だけではなく、先達の経験をもとに具体的に示されたものを素材として、思考や疑似体験することで、歩み出しの支えを少しでも得ることを目指すことになるのだろう。

2. 本書が扱う理論

　大学院科目《心理支援に関する理論と実践》には、つぎの事項が含まれるとされている（［公認心理師カリキュラム等検討会］による『報告書』〔H.29.5.31〕）。

　　1. 力動論に基づく心理療法の理論と方法
　　2. 行動論・認知論に基づく心理療法の理論と方法
　　3. その他の心理療法の理論と方法

4. 心理に関する相談、助言、指導等への上記 1.～3.の応用
5. 心理に関する支援を要する者の特性や状況に応じた適切な支援方法の選択・調整

　学部科目《心理学的支援法》ですでに「代表的な心理療法並びにカウンセリングの歴史、概念、意義、適応および限界」が扱われている。大学院では「概念」だけではなく「理論と方法」とされていることから、人間理解や人格論、介入や人格変化の機序、それらと有機的に結びついた方法と技法について、実践と結びついた理論体系を学ぶことが想定されるであろう。そして、理論として「力動論」「行動論・認知論」があげられており、それ以外は「その他」にまとめられている。

　〈力動論〉は、フロイト〔Freud, S.〕が創始した精神分析の流れにある心理療法のグループである。精神分析が、心理療法の起源のひとつであるだけでなく、現在までその流れが修正・発展されながら続いていること、また、多くの他のアプローチが程度の差こそあれ、それへのアンチテーゼという面も含めて精神分析の影響を受けていることから、実践においても最も重要なアプローチのひとつである。心という"内面"の構造や働きについて、無意識の領域も含めた入念な理論構築がなされている。

　〈行動論・認知論〉は、自然科学的心理学のうち、学習理論や認知心理学などの枠組から創始、発展されてきたグループで、「認知行動療法」がその代表である。その機序や介入の効果について、自然科学の枠組による"根拠"（エビデンス）を重んじていることから、「認知行動療法」は、保健医療領域をはじめ、現在、心理支援のなかでもっとも重要視されているアプローチと言ってよいだろう。現代心理学とも親和性の高い理論である。

　このふたつのグループ以外は〈その他の心理療法〉と、まとめられ

ている。そのなかでも重要なのが、「クライエント中心療法」ないし、その発展型であるフォーカシングやエンカウンター・グループなども含めた「パーソンセンタード・アプローチ」であろう。

ロジャーズ〔Rogers, C.R.〕によって創始された「クライエント中心療法」は、人格に肯定的な変化をもたらす"援助関係"に注目する。そのような"援助関係"はセラピストの態度によって実現されるとされ、指摘されたセラピストの態度は他のアプローチでも重視され、さまざまな心理療法・カウンセリングの「基礎理論」として位置づけられることがある。また、「パーソンセンタード・アプローチ」も含め、人間存在の全体性・実存性や、肯定的本質を重視するアプローチ群が、精神分析や行動論は人間を要素に還元している、機械論的であるとして、これらとは立場を異にする「ヒューマニスティック・アプローチ」という第三勢力を形成している。

そのほか、自然科学や社会科学の従来の理論体系とは異なるパラダイムにもとづく家族療法（本シリーズ第3巻）やナラティヴ・セラピー、芸術表現を媒介にしたアプローチ、日本独自の心理療法なども「その他の心理療法」に含まれる。また、複数のアプローチを生かした統合的アプローチもある。

本書前半【理論編】では、これらの理論について要点を整理した。

3. 本書の構成

さて、これら多様な理論について、「心理に関する相談、助言、指導等への応用」をおこなうことになる。その応用の仕方は、どの事例にも当てはまるような一般論的な知識も有用であるが、やはり具体的な事例に即してその方法を学んでいくことが主となる。

これは、実際には、スーパービジョンやケースカンファレンスでの

事例検討の場で学ばれる。そこでは、事例を担当したセラピスト本人が、セラピストとしての主観的体験に併せて事例を報告し、スーパーバイザーや助言指導者が、報告者であるセラピストとやりとりをしながら、検討が進められる。その場に、報告者として、あるいはグループでのスーパービジョンやケースカンファレンスであれば参加者として身を置き、自らの心を動かしながら学んでいく。

これを、本の形式で実現することは難しい。

本書では後半【実践編】で、[保健医療][福祉][教育][司法・犯罪][産業・労働]の五つの分野について、まず、それぞれ一人の実践家に"事例"報告を書いていただいた。そしてその報告を、〈力動論〉の立場、〈行動論・認知論〉の立場、そして〈その他の心理療法〉についてはパーソンセンタード・アプローチを主とする立場の、三つの立場の方に読んでコメントをしていだだくという形式をとった。

"コメント"は、"事例"の記述のみを読んで書いていただいた。記述された事例は、実際の事例をもとに（複数の事例の場合もあり）事例の本質を失わない程度に適宜修正や省略をしていただいていること、限られた分量であること、また編者からの要望で構成を合わせていること、などの制約があり、実際の事例の内容とは必ずしも一致していないところがある。しかしながら、臨場感を十分に伝える記述が揃った。

提示された五つの"事例"には、これら制約のために、"コメント"で想定されている関わりとは実際には異なった関わりがあった場合もあるだろう。スーパービジョンやケースカンファレンスであれば、報告者がレスポンスしてやりとりができるところであるが、その機会が無い状態で事例を提示していただいた。五名の事例提出の先生方のご理解のおかげで、本書が実現可能となった。

また"コメント"も、限られた情報から"事例"を想像しコメントする

ということは困難な作業である。にもかかわらず、コメントの先生方には、本書のねらいを汲み取ってくださり、細やかに読み取って、各理論の用い方を伝えるに余りある、力のこもったコメントが集まった。単なる理論の紹介ではなく、支援の現場の実感から理論が自然と滲み出るようなコメントだと思う。

4. 理論と実践の緊張感

杉原〔2009〕は次のように述べている。

事例の経過は本来的に単純なものではない。それをより筋道立てて見せてくれるのが理論的な視点である。…〔中略〕…でもそのときけっして忘れないでほしい。実際の事例はどのような理論が見せるストーリーよりもつねにはるかに複雑であるということを。理論が描き出す分かりやすいストーリーはあなたに好ましさと安心感を与えるかもしれない。だからついそれに飛びつきたくなるとしても、その気持ちはよく理解できる。けれども、もしあなたが人としてのクライエントの全体性に敬意を払いたいと願うなら、実際の経過の複雑さやわかりにくさがもたらすかならずしも心地よくない感覚のなかにとどまるキャパシティを養っていくことこそが大切だ。〔p.136〕

また、河合〔1970〕の次のような記述もある。

…〔前略〕…理論と態度が、そうばらばらでなくて、実は、案外ふたつが補いあうようなことになってきます。つまり、理論を深く知っている人こそ深く受容できるし、クライエントを深く受容した人こそ、より深さをました理論体系をつくることができるといってよいと思います。〔p.95〕

杉原が述べるような「安心感」や「心地よくない感覚」は、実際に

セラピストとして心理臨床に携われば、思い当たる感じや感覚であろう。また河合が述べているような、受容できないと思っていたクライエントが、理論を知ることで受容できるようになり、また受容できるようになったことで理論が深く腑に落ちるという体験も、実践家にはなじみのあるものだと思う。

　セラピストとして機能するために、また望ましい援助関係を形成する態度を実現するために、支援者として理論をどう体験するかは、実践に身を置くことで実感できることである。そのような理論と実践との緊張感の体験をも、本書【理論編】と【実践編】とを往復することで、予感できることを願っている。

文　献

河合隼雄 (1970).『カウンセリングの実際問題』誠信書房.

杉原保史 (2009).「臨床心理学的援助を実践するために大事なことは？―― 心理療法の実際」『臨床心理学――全体的存在として人間を理解する』伊藤良子 (編著), ミネルヴァ書房, pp.123-142.

第 **1** 章

力動論に基づく心理療法

井上直子

1. はじめに

精神分析と聞いて顔をしかめるだろうか。目を輝かせるだろうか。大学院生であれば、すでに大学での講義や受験勉強を通して、精神分析の理論や概念に幾らか触れているだろう。ここでは精神分析の理論や概念を緻密に論じることは目指していない。"力動的心理療法"あるいは"力動論に基づく支援"〔以下、まとめて力動的アプローチ〕を臨床現場で実践する際に、頭のなかにあって助けを得ている知識を伝える試みである（これまで頭のなかに取り入れてきた書籍や論文については、最後にお薦めしたい著者名として一部紹介する）。

ここでは無意識の存在と影響を前提にした、フロイト〔Freud, S.〕以降も絶えず加筆修正が加えられて今に至る精神分析理論に基盤を置く、心の動きを理解し支援する道具のうち、広く現場で活用できそうな幾つかの力動的概念や考え方を伝えたい。顔をしかめた人が「意外に面白いかもしれない」と考え直し、目を輝かせた人が「実践とつながって面白い」と関心を深める契機になればと思う。

2. 大前提としての共感的理解

冒頭から「なぜ?」と不審に思う人がいるかもしれない。確かに「共感的理解」は精神分析発祥の概念ではなく、ロジャーズ〔Rogers, C. R.〕によるクライエント中心療法の中心概念である。しかし力動的心理療法家が目指すべきことを包括的に表している概念でもあると考えている。

それは心理療法家として「何をするか」という行為 (doing) と、「どうあるべきか」という態度 (being) の双方においてである。行為としては、共感的理解を伝える行為がそのまま解釈となるという意味で、

態度としては、共感的理解をしようと努める態度が解釈を可能にする素地となる安心感を生み出し、関心を共有し、同盟を作り上げるという意味で、である。▶1-54

どのアプローチであれ支援者〔以下、Th〕が願うことは、眼の前の依頼者〔以下、Cl〕が人生において安心していられること、そして人生を自分のものと感じられることであろう。それをどの程度どう手伝うかは、アプローチによって強調点が異なり、言い表し方も異なるかもしれない。力動的心理療法家にとっては、眼の前のClが外界に非現実的な脅威や不安を抱かずにいられること、自分の内界にあるものや起きることを受け入れて安心していられること、それによって内的なエネルギーを十分に使えるようになることではないだろうか。

そのためにThは共感的理解を目指す。すなわちClの話に耳を傾け、自分全体（身体感覚、感情の動き、想像力や経験、知識や論理など）を総動員してClの体験をありありと思い描き、Clの体験に伴う感情や意味を感じ取ろうとする。さらに言えば、このとき、Thは「Clがなぜ今ここでこんな風にこの話を自分にしているのか」という文脈にも耳を澄ませ、Clが語る内容におけるClの体験と、今それを話しているClの体験とを行ったり来たりしながら同時進行的に追いかける。そして自分の感じ取ったものをまずは内側で言語化してみる。Clにとってその内容が脅威的でないと判断すれば、伝えて確認したり、コメントをもらったりする。

Clの同意のもとで進められる限りにおいて、そうした一連の働きかけは、安心感をもたらし、同盟を形成・維持し、解釈として機能する。それと同時に大切なことは、Cl自らも自分自身に関心を向け、自分のことが前よりもわかるようになる。Clの不安や恥や罪悪感や疎外感が和らぎ、自他への安心感や信頼感が増すであろう。

それは例えば次のような状況かもしれない。

共感的理解を目指して耳を傾けてClの話を聴くうちに、Th自身がぐっと肩に力が入って、息が詰まってどうにも窮屈な感じを覚えたとする。「これはひょっとしたらClが感じていた感覚なのではないか」という考えが浮かぶ。そこでClにそのことを伝えてみる。すると、淡々と話しをしていたClの表情がふっと緩み、感情が表れる。それを見て、今ここでもClが窮屈なままにThに話をしていたことに気づく。そこでまたClにそのことを伝えてみる。そこから連想が動き、尊敬していたが厳しく親しくなれないまま亡くなった祖父のことをしんみりと語り出す。

　こうした共感的理解を目指しての展開は、Thが転移・逆転移といった概念を知っていることによって進めやすくなるかもしれない。あるいは、この展開で何が起きていたかを伝えることを容易にするかもしれない。▶1–34/3–48

　つまり、精神分析理論やさまざまな力動的概念は、共感的理解を実現する助けとなったり、その全体や一部を説明する助けとなったりするものだ、と捉えると全体の収まりがよい。力動的アプローチと他のアプローチとの架け橋も見えるように思う。共感的理解を目指して話を聴くことは、Clの全体性を生き生きと捉えようとする試みであり、生物心理社会モデル（bio-psycho-social model）の多面的な捉え方にも自然と繋がるであろう。▶1–37,44〜52,74,128

3. 困るということ

　人生において何かしらうまくいかないことが起きている人がいる。その人がThに相談を持ちかけてClとなる。Thは何をするか。必要なことを問いかけながら、Clの話に耳を澄ましてClが何にどのように困っているかをまず理解しようとするだろう。アセスメントの始▶vol.1

まりである。そして共感的理解の始まりである。

　Clになる、すなわち専門家に相談を持ちかけて依頼者となることは、簡単ではない。「困ること」「悩むこと」そして「それを人に相談すること」は"弱さ"であると勘違いされやすい。もちろん困り方にもいろいろある。しかし、困らないよりは困る方が、悩まないよりは悩む方が、相談しないよりは相談する方が実は難しい。援助要請を促す心理教育として、「困ったり悩んだり相談したりすることは、弱さではなく心の能力を表している」と、目の前に現れたClにも、まだ見ぬ未来のClにも伝えたい。

　講義でこれを伝えると必ず学生から「今まで友だちが相談室に行くのをどこか"弱い"とか"ダメだ"とか思っていた自分に気づけて良かった」「悩む自分を"弱い"と責めていたが、悩む能力があるとわかって、自分が自分のことを真剣に考えていると思えたし、誰かに相談しようと思えた」などの反応がある。困ってしまうのではなく困ることができる、悩んでしまうのではなく悩むことができる、相談せずにはいられないのではなく相談ができる。この能力について、心の構造と機能を踏まえたうえで、パーソナリティ構造の水準と対応させて考えてみることは臨床的に役立つ。

4. 心の構造と機能

(1) 構 造 論

　臨床的な観点からすると、〈構造論〉は面白く使い勝手がよいもののひとつである。イド−自我−超自我の三つのシステムを仮定し、それらの力関係や相互影響を想定することで、見えない心の動き（力動）を説明する試みである。

　イド (id) は、時間にも論理にも縛られず、あるがままに衝動、欲求、感情、そしてエネルギーが溢れており、即座の満足を求めてく

る。超自我 (super-ego) は、置かれた環境のなかで育まれた価値観や規範に基づいて良し悪しを判断し、励ましたり罰したり促したり引き止めたりして影響を与え、どうあるべきかを暗黙のうちに語りかけてくる。こうしたイドの求めと超自我からのメッセージの影響を内界で受けつつ、自我 (ego) は、連続性と合理性をもち、外界の現実を体験し観察し吟味し把握して、自らの存在を維持するために折り合いをつけようと人知れず頑張っている。

　心の健康にとっては、現実を前にしてこれら三つのシステムが互いにバランスよく働き合い、内界と外界が調和している感覚が持てることが重要である。その鍵は、超自我と自我の在り方にある。

(2) 超自我と内的対象

　このClの超自我は育っているか（育っていなければ、イドの言いなりで我慢ができない）、過酷すぎないか（過酷すぎると、全体的にイドが萎縮して生き生きできない）、偏っていないか（偏っていれば、特定の場面でイドが萎縮して生き生きできない）、成熟しているか（成熟していれば、生きる指針となり支えとなる）という視点から話に耳を傾けてみると、何に行き詰まっているか、どこを手伝ったらよいか、が見えてくることがある。あるいは、超自我が発しているメッセージを聴き分ける耳を養うと、Clと重要な内的対象との関係が見えてくることがある。

　超自我は、置かれた環境に明示的あるいは暗示的にある価値観や規範を取り入れ内在化することで育まれる。一般的に人生の最初の環境は親によって作られる。親が何に価値を置き、どのように善悪を判断し、人はどうあるべきと考えているかが、大きく影響する。

　父母が、独立した価値観を持つ人間でありながら互いを尊重する良い関係を営み、友人や親戚も含めた社会とも繋がって多様な価値観や規範の存在を認め、許容するという風土を持ち、風通し良く暮らしているとする。こうしたさまざまな価値観が尊重し合って共存

している環境のもとでは、程よく柔軟な成熟した超自我が育つこと
は想像に難くない。反対に、突出した単独の価値観や規範が支配的
な力を持ち、それ以外は認められず、過ちが許されない、風通し悪
い環境のもとでは、過酷な、あるいは偏った、固い超自我が育つ可
能性があるだろう。あるいは、価値観や規範が混沌としていたり空
虚であったりして、衝動・欲求・感情の満足が最優先される環境の
もとであれば、何をどう取り入れて内在化してよいのかわからず、
超自我の芽はしぼんでしまうだろう。

　超自我は、環境とそのなかにいる対象からのメッセージを取り入
れて内在化し、それがどこから来たものかを意識することなく自分
のものにしていき、イドの求めに対応してメッセージを出すことで、
自我に働きかける。成熟した超自我の場合、その由来は多様であり、
内容は自然淘汰されながら溶け合って独自性をもつようになる。さ
らに、柔軟にその時々の体験から新たな価値観や規範を取り入れる
余地も残している。過酷な、あるいは偏った、固い超自我の場合に
は、その由来は当初は無意識下に置かれているものの、辿っていく
とそこに重要な内的対象との特徴的な関係が認められることがある。

　そうした動きを単純化して描いてみよう。

　友人に「もっと気を許して、気持ちを打ち明けて欲しい」と常々
言われるものの、何をどうしたらよいのかわからず、友人関係の居
心地が悪くなって来談したClがいたとする。

　自分ではその友人と映画を観に行けば、映画について面白かった
とか怖かったとか悲しかったとか、感想について話しているのに、
友人はそれでは満足していないようだと言う。当然ながらThに対し
てもそうした話し方であった。「感情について話す」ことと、「感情
を表して共有する」こととの違いがわからなかったのである。イド
の求めを反映した感情は確かにあるものの、超自我がそれを外界に

出すことは良しとしない。そのため、自我は不安が喚起される。そこで、自我はとりあえず感情は危険なものとして生々しさを抜き取って、温度のない言葉という箱に閉じ込めて、無害にしてから出しているようであった。

関心を寄せて話を聴くうちに、喜怒哀楽のどれであれ、Clが感じたまま無邪気に生き生きと感情を表すと、黙って顔をしかめてそっぽを向いた母がいたこと、そして「感情を表すと母を煩わせて嫌われる」と感じて怖かったこと、父は常に冷静で知的で、声を荒げたりはしゃいだりする姿は見たことがなかったこと、「そんな父に憧れていた」ことが語られる。

過去の話ではあるが、眼の前で映画を観るかのように物語ってもらいながら、母や父との体験を振り返る。家族は仲良く、大きな問題もなく、穏やかな家庭であったが、なぜかいつも寂しかった、と言う。その途端、不意に涙が流れ出てClは戸惑い、そしてしみじみとした沈黙が訪れる。その後、今この瞬間に何が起きているかを話し合ううちに、今ここでThとの間で寂しさと悲しさを表して共有していること、それをThが歓迎していることがClに実感される。超自我の偏りの修正への一歩である。

抽象的な概念である超自我の背後には、内的対象として心のなかで生き続けている人たちがいて、Clは無意識のうちに影響を受け続けていたことが見て取れる。

(3)自我の防衛機制

内界のイドの求めと、超自我からのメッセージ、そして外界の現実との間で自らの存在維持のために働く自我は、いわば自らの人生の「運営主体」である。私という存在のまとまりを感じさせ、心が安定するように内界や外界との付き合いを調整し、内外の対象との

関係を営む。自我機能と呼ばれるこうした働きのひとつが〈防衛機制〉である。

〈防衛機制〉とは、心の安定を脅かすような痛みや葛藤を引き起こす刺激となるような衝動、欲求、感情、観念、体験、そして不安を、無意識のうちに回避し、心を守る働きである。〈防衛機制〉は発達過程において必要な対処として身につけるもので、原始的なものから高次のものまで種類に幅がある。原始的な〈防衛機制〉は、分裂や否認に代表されるように、受け入れがたい外界の現実をバッサリと大鉈をふるうかのようにありのままに認めないのが特徴である。より高次の神経症的な〈防衛機制〉は、抑圧を中心としながら幾つかの種類を重ね合わせて用いることで、イドや超自我の間など内界で起きる痛みや葛藤を意識から排除するのが特徴である。

何が〈防衛機制〉を引き起こす刺激となるかや、どのように〈防衛機制〉を使うかは、人によりさまざまである。怒りなどの一般的に否定的感情とみなされるものが防衛を引き起こすとは限らず、喜びなどの肯定的感情が脅威となる人もいる。また、怒りを引き起こした出来事そのものを否認する人もいれば、怒りを抑圧と反動形成の組み合わせによって慇懃無礼な振る舞いに変える人もいる。こうした個別性には、心の発達の状況、イドの求めと現実との折り合いの経験、超自我からのメッセージなどが反映されており、Clを理解する入り口ともなる。

〈防衛機制〉は、その種類を一つ一つ学ぶ意味もあるが、ここでは臨床的に役立つ基本的な考え方を示したい。防衛機制はClの痛みの在り処を教えてくれる。

こちらの質問に気づかなかったかのように話題を変えたときや、嫌いな上司にわざわざ自分から話しかけたと聴いたときのように、「ん？ なぜそうしたんだろう？」と不可解な違和感を感じるClの言動がある。これが防衛機制の働いているサインである。ここで次の

頭のなかの動きとして重要なのは「防衛機制の種類はどれだろう?」ではない(もちろん後に述べるようにClの用いる防衛機制が原始的か高次かといったアセスメントは、Clのパーソナリティ構造の水準をアセスメントする指標であり、支援方針を立てる道具でもあるため重要だが)。「きっと何か理由があってこの場面で痛みを感じるんだな」「それはどんな痛みなんだろう?」である。さらには「なぜそれは痛みになったのだろう?」「今もそれは痛みとして防衛する必要はあるだろうか?」である。

〈防衛機制〉は剥ぎ取るものではない。北風と太陽の例えが用いられるように、痛みや防衛機制を必要とする事情へのThからの「共感的理解」とCl自身の「自己理解」が得られ、過去の痛みが今はもう脅威ではないとわかったとき、あるいは、より高次の防衛機制や対処法を身につけたとき、自然と不要な防衛機制は手放される。

(4)観察自我と同盟

自我を別の切り口から捉える概念として体験自我と観察自我がある。自らの人生の運営主体として、前者は何を今まさに体験しているのかを生き生きと実感するよう主導する部分、後者は体験を観察してそのままに記述するよう主導する部分と捉えると分かりやすい。このうち特に観察自我は支援において重要な役割を担うため、注目したい概念である。

例えば、前回の面接の最後に初めて寂しさの感情を表したClが、その次の面接時間に遅れたとする。Clが『すみません。グズグズしていたら家を出るのが遅れてしまって……』と謝りながら、身を縮めてThの顔色を伺っている。Thはどうするか。一般的な会話によくある《いえいえ大丈夫ですよ》では、話が終わるだけでなく、Clの超自我に加担する可能性がある。

Clは、グズグズ(葛藤や感情)していたら家を出るのが遅れて面接時間に遅れた(観察自我による出来事の記述)のに対して、時間に遅れ

るべきではない（超自我のメッセージ）と即座にダメ出しが覆いかぶさり、反応が超自我のメッセージに対応したものに終始している。単なる遅刻というよりも〈抵抗〉であり、〈転移〉が底流にあると考えられる。こうした何か大切なことが起きていると思える局面では、Clの観察自我を呼び覚まして超自我の覆いを横に置き（良い悪いの判断をせず）、観察自我の記述に戻り、《何か大切なことが起きている気がする》と呟いたり、《グズグズについてもう少し話してもらえますか》と尋ねたり、《いったい何が起きているのかを一緒に検討してみませんか》と提案したりしたい。

　ThとClそれぞれの観察自我が元気に働いていると、ThもClもイドの求めや超自我のメッセージに完全に覆われることなく自分の状態を観察し、治療契約と構造に守られた枠組のなかで起きるさまざまな現象（転移、逆転移、抵抗、逆抵抗）を話し合いのテーブルにそのまま乗せることができ、一緒に協力して作業に取り組む同盟が形成・維持できる。この同盟を形成・維持できるかどうか、すなわち観察自我が元気に働けるかどうかは、欲求充足をすぐに求めず（イドの求めに覆われない）、良い悪いで片づけず（超自我のメッセージに覆われない）、人生を自分のものにするために体験していることを受けとめて、曖昧さに耐えて葛藤したり吟味したりすることができる自我の強さの程度を反映している。

5. パーソナリティ構造の水準

　Clが目の前に現れた最初の局面で、Thは「力動的アプローチは役立つ見通しがあるか」「どのように役立つのか」という問いに答える必要がある。現在、力動的アプローチが役立つ対象はカーンバーグ〔Kernberg, O.〕によるパーソナリティ構造の三水準（神経症水準－境界水準

－精神病水準）を網羅している。どの水準にも同じように支援するならば、水準を見極める意味はないが、力動的アプローチでは、各水準への支援方針は異なると考える。以下に、各水準の特徴と支援について、これまで述べてきた概念や考え方を含めてまとめる。

(1)神経症水準(健康とみなされる人を含む)と探索的アプローチ

　困ることができ、悩んでおり、相談するとなれば自分に何ができるかを考えようとする。自分に起きていることは自分のこととして対処しようという自他の区別がしっかりとしている。抱えている症状や問題を核にした、まとまりある明確な主訴を述べることもできる（症状形成能力があり精神病理は自我違和的）。特定場面（痛みや葛藤が喚起される状況）では症状や不安が現れたり不全感が起こったりするが、それ以外は比較的平穏に暮らせる。

　自我は三水準のうちもっとも柔軟で強い。抑圧を基本とした高次の防衛機制を主に使い、比較的種類も豊富だが、特定場面では過去には適切であったが今となっては不適切なものを使う。原始的防衛機制の出番は多くないが、使わないわけではない。イドと超自我の葛藤が強く、自分が何を求め、何を感じているかを見失うことがある。現実を大きく歪めることなく受けとめて、自他を多面的に捉えて良い面も悪い面もある全体性のある人として描写できる。観察自我の働きも期待でき、協力して作業をする同盟（三者関係あるいは社会的関係）を形成・維持できる。

　支援としては、探索的な関わりが可能である。基本的にはCl自身が観察自我を使って自己理解を進めていくよう促す。Thは「共感的理解」に努めながら、Clの過去が今ここに現れているか（転移）、聴いているThにはどんな感情や感覚が起きるか（逆転移）など専門家だからこそ気づくことや浮かび上がってきた共感的理解（解釈）を投げかけ、それを使ってClが探索を進めていくのを促進していく。

(2)境界水準と表出的アプローチ

　困っているし悩んでもいるが、耳を澄ましてよくよく聴いてみると、実際には「困らされている」といった被害感や、「周囲の理解が得られない」辛さに苦しんでいることが多い（問題の外在化であり精神病理は自我親和的）。そのため、自発来談であっても（連れて来られたならなおさら）、相談するというよりも「何とかしてほしい」「苦しみを取り除いてほしい」「自分は悪くないと証明してほしい」と無意識のうちに要求し、"自分に何ができるか"を考えることは難しい。

　自他への安心感が持てないため（呑み込まれ不安と見捨てられ不安）、継続的な関係を営むことが難しく、情緒的な負荷や期待がかかると不安定になる。友人関係や恋愛関係が長く続かなかったり、職場を対人関係の難しさで転々としたりすることも多い。その結果として生きていくことへの辛さを感じている。

　自我は三水準のうちもっとも固く脆い。分裂を基本とした原始的防衛機制に頼っており、高次の防衛機制がうまく使えずにいる。この水準の精神病理が社会問題となって〈投影性同一視〉の概念が発展したことからわかるように、自分の葛藤を自分のものと認めて対処するだけの自我の強さ（葛藤保持能力）がなく、無意識のうちに他者を巻き込んで葛藤を解決しようとする。

　心理的に追い詰められて退行すると、精神病水準との識別ができないこともあるが、「共感的理解」に基づき奥にある不安を理解されると現実との接点が戻ってくる点が異なる。自分の欲求を満足させてくれる人（良い対象）と満足させてくれない人（悪い対象）とに分裂させ、それも理想化と価値下げにより容易に反転する。現実を受けとめているものの、歪みやすく、自他を単純化して良い悪いのいずれか一面的な人として描写する。観察自我の働きは期待し難く、ThとClが互いに好きか嫌いかといったその場の関係（二者関係）に注意

が向き、協力して作業をおこなう同盟の形成・維持は難しい。

　支援としては、表出的な関わりが必要となる。まずは支援の枠組となる時間や場所あるいは料金、何はできるが何はできないなど、治療契約と構造を取り決める。恣意的に誰かが勝手に動かすことのない、ThとClの双方にとって安定した揺るぎのない枠組は、不安定なClの揺れ動く対人関係と感情を受け止める器になる。そのうえで、語られる内容についてClが何を感じ、どう思っていたのかに関心を示す。

　Thは「共感的理解」に努めながら、今ここでThのなかに起こる板挟みで身動きが取れない感情（逆転移）を素直に受けとめ、Clのイドの求めへの対応について率直にClに相談を持ちかけたり、Clの相反する感情表現を受けとめて解釈する。ゆっくりとClが分裂した存在から統合した存在である自他を受け入れられるように、諦めることのない共感的理解（解釈）が必要とされる。

(3) 精神病水準と支持的アプローチ

　困ったり悩んだりするには、「自分」という感覚・実感が必要である。この水準の基本は、それがないということである。そのため、困ったり悩んだりして相談するのではなく、圧倒的な恐怖や不安から混乱している様子や症状・問題を見かねた人、あるいはその影響を受けて困っている人によって、支援の場に連れて来られることが多い。身体的な不都合や苦痛があれば、それゆえに支援に繋がることもあるが、自分に起きていることを対処すべきものと考えていないことも多く（病識の欠如）、支援を受けるように勧められると恐怖や混乱を示す。適切な投薬治療により自我機能が補われることで、比較的平穏に暮らすことができる場合にも、喉元過ぎれば熱さを忘れ、支援から遠ざかって悪化することがある。

　自我は三水準のうちもっとも弱い。分裂を基本とした限られた原

始的防衛機制に頼っている。自分という存在そのものに確信がなく、葛藤するだけの自我の強さがないため（自我の脆弱性）、内界と外界の刺激で混沌とした世界のなかで恐怖と不安にさらされることになる。恐怖や不安に対処するために現実を大きく歪める（幻覚や妄想、魔術的考えなど）一方で、とても繊細に外界からの刺激を受け取ることもある。自他を感情を持った具体的な人として描写することは難しい。観察自我の働きは期待できないが、適切な投薬治療により状態が安定したうえで、Thが脅威を与えない嘘のない信頼に足る人だと伝われば、良好な関係を結ぶことができる。

　支援としては投薬治療を含む支持的な関わりが必要である。ここでの支持とは、存在の支持であり、存在を支える自我機能の支持である。Clの存在を脅かす日常のストレスが何かを考え、それにどう対処しているか、新たなできる対処法は何かを話し合う。教育的であったり指示的であったりすることも必要である。Thは侵入的にならないように留意したうえでの共感的理解に努めながら、Clが脅威に感じる必要がないよう、現実的な、生きた一人の人としてClの前に存在する。湧き上がる感情（逆転移）を認めた自然体と、できる限り複雑さを避けた明快なコミュニケーションを大切にする。

6. おわりに

　力動的アプローチでは治療契約や構造といった枠組を大切にする。
　その利点は幾つかある。まず、要因統制により力動理解のヒントが得られる。枠組からの逸脱は行動として観察できるため、行動に表れた心の動きについて話し合いやすい。また、枠組自体が自我機能を育む。今週も来週もThは距離を一定にそこにいるというイメージや体験の積み重ねによる安心感は、対象恒常性や欲求不満耐性を強化する。限られた枠組のなかで目的を達成することは、人生の営

みと同じであり、自我を鍛えることにもなる。こうした意味が理解できたなら、枠組のない現場においては何に留意すべきか、枠組に代わるものをThとClでどう創り出すかを考えてみたい。

　枠組は一例である。ここで述べた力動的アプローチの概念や考え方を現場で思い出して使ってもらいたい。

　最後に。臨床は直接に人から学ぶに越したことはない。現在、精神分析に源流をもつ国内外のさまざまなアプローチの洗練された最新の理論と技法が日本で学べる（例えばMBTやAEDPなど）。同時に、古典的・普遍的な知をじっくり読んで学ぶことも大切であろう。

　日本語で読める良質の文献が、例えば以下の著者名から検索できる。馬場禮子、土居健郎、ギャバード〔Gabbard, G.O.〕、池田政俊、マラン〔Malan, D.H.〕、マックウィリアムズ〔McWilliams, N.〕、松木邦裕、成田善弘、鑪幹八郎、ワクテル〔Wachtel, P.L.〕。

●現場への眼差 ....

- ☐ 精神分析において「共感的理解」が大前提となるのはなぜでしょう？ 考えてみましょう。
- ☐ イド-自我-超自我の「構造論」、自我の「防衛機制」について説明できるでしょうか？
- ☐ パーソナリティ構造の「三水準」と各々へのアプローチについて、まとめてみましょう。

....

第 **2** 章

行動論・認知論に基づく心理療法

有村達之

1. 認知行動療法

　行動論・認知論にもとづく心理療法とは〈認知行動療法 (cognitive-behavior therapy: CBT)〉のことである。現代心理学にはさまざまな理論的立場があるが、大別すると生物学的枠組、行動的枠組、認知的枠組、精神分析的枠組などに整理される〔Nolen-Hoeksema et al., 2014〕。行動論、認知論は行動的枠組や認知的枠組に立脚した心理学理論である。

　認知行動療法とは、問題や疾患のメカニズムを行動論や認知論の視点から理論化し介入する心理療法である。具体的には問題や疾患症状は認知（考え方）や行動、感情、身体症状との相互作用で維持されていると捉える。認知行動療法の臨床では個々のクライエントの問題や症状をそのような視点で分析して、介入方針を立案する。その分析のことをケースフォーミュレーション（事例定式化）と呼ぶ。

　認知行動療法は保健医療、福祉、教育、司法・犯罪、産業・労働のすべての分野で適用可能だが、本稿では主に保健医療分野の認知行動療法を中心に解説する。

2. 認知行動療法の特徴

　認知行動療法には以下の特徴がある。

(1)問題や疾患症状を科学の枠組で捉える

　認知行動療法の基礎理論である行動的・認知的枠組は"科学"の特徴を持っている。"科学"は①客観的（現象を捉える人の感情や価値判断によって左右されない方法で事実を扱う）、②反証可能性（科学的理論や主張は証拠を示して反論できるように作られていなければならない。反論ができない理論は科学とは言えない。）、③再現性（ある研究結果について別の研究者

が同様の研究をおこなって同様の結果が得られるなど）という特徴を持っている〔Eysenck, 2000〕。

　認知行動療法ではクライエントの問題行動や疾患症状を、ある行動の回数、訓練された評価者による評定、妥当性と信頼性を担保された心理尺度などによって数量化し、客観的に捉える。また、その主張には「認知行動療法は薬物療法よりもうつ病の再発率を低下させる」など反証可能性がある。例えば、その主張に対して認知行動療法と薬物療法とで再発率に差が無いことを研究によって証明すれば、その主張を反証したことになる。さらに、認知行動療法によるうつ病の再発抑制効果は、さまざまな欧米の研究機関によって同様の結果が報告されており、再現性がある。現代医学は生物学がその基盤であり"科学"の特性を備えている。医学と認知行動療法は科学という共通言語を持っているため、認知行動療法は医学や医療のなかで活用しやすい。

(2)問題や症状に対する問題解決をおこなう

　認知行動療法は"問題解決志向"である。クライエントの問題や症状を明確にして介入目標を設定した後、それがどのようにして発生維持されているかを、ケースフォーミュレーションによって分析して問題解決を支援する。その際に、問題行動や症状がどのような機能を有しているかにも注意を払う（機能分析）。
▶1-76

　例えば、授業中に騒ぐという問題行動は、あるクライエントにとっては周囲の注目を集める機能を持っていたり、別のクライエントにとっては理解できない授業に由来する苦痛を緩和する機能がある、などである。介入はケースフォーミュレーションに基づき、クライエントを含む関係者のインフォームドコンセントを得てからおこな
▶1-22/4-30
われる。すなわち、問題や症状の成り立ちについての仮説とそれに
▶1-21/3-126
基づく介入方針を、クライエントや関係者に説明し同意を得てから

介入するというものである。

(3)心理教育的な特徴を持っている
　認知行動療法は"心理教育"的な特徴を持っている。心理教育とは、心理療法と教育的介入を統合した介入方法のことで〔小堀、2016〕、疾患についての情報や症状への対処法教育という目的で広く実施されている。

　医療の領域では近年、医療モデルが感染症などを想定した「医師－患者モデル」から、慢性疾患のコントロールや予防などを想定した「教師－生徒モデル」に変化している〔山田、2018〕。「教師－生徒モデル」では、医師や医療関係者は心理教育の提供者となるため、認知行動療法への需要が高まっている。

　「医師－患者モデル」とは、医師が医療機関に来院した患者に対して治療をおこない疾患の病因（病原菌など）を除去するという医療のありようである。インフルエンザに罹患した患者が医療機関を受診し薬物療法を受けるなどである。

　「教師－生徒モデル」では、教師としての医療スタッフは患者に疾患の知識や対処法を教育し、患者が疾患を予防したり症状をセルフコントロールできるように導く。例えば、糖尿病や肥満などの生活習慣病は、医師が薬物療法で一方的に疾患を改善させることはできない。疾患に自分の食生活や運動習慣などが影響していることを患者が具体的に理解し、生活習慣を自発的に改善し続ける必要がある。医療スタッフはそのための情報提供者やアドバイザー的な役割を担う。うつ病治療では、症状が改善した後にうつ症状を再発させないためには、職場や家庭でのストレス対処法を患者が学習することが重要になる。うつ症状はしばしばストレスの増大がきっかけでひどくなるからである。ストレス対処法は〈認知行動療法〉によって学習することができる。

(4)ホームワークをおこなう

認知行動療法ではクライエントが自宅や職場などで介入課題をおこなうことが多い。これをホームワークと呼ぶ。例えば、毎日うつ症状の強度とそのときの活動を記録する、人と話すことに不安を感じるクライエントが職場で自分から挨拶をしてみることを不安が弱くなるまで繰り返す、などである。

(5)エビデンスベースト・アプローチである

エビデンスベースト・アプローチ (evidence-based approach) とは、実証的なデータ (エビデンス) に基づいた臨床実践のことである〔杉浦, 2016〕。認知行動療法はエビデンスベースト・アプローチを採用している。エビデンスベースト・アプローチでは介入法の効果を科学の方法論を用いて証明し、効果が証明された介入法を臨床実践に生かそうとする指向性がある。

介入法の効果を検証する代表的方法論にランダム化比較試験 (Randamized controlled trial: RCT) がある。RCTでは研究参加者を、介入をおこなう群と対照群にランダムに割り付ける。介入群の参加者は、効果を検証しようとする介入法を受ける。対照群の参加者は、従来おこなわれている標準的な介入法を受けるか、何も介入を受けない。後者の場合、一定期間の待機後に介入群と同様の介入を受けるような研究計画になっていることも多く、研究参加で研究参加者が何らかの利益を得られるように計画されていることが多い。介入群の介入効果が従来の介入法や無介入群にくらべて統計学的に大きければ、その介入は有効と結論する。ある介入法の有効性を判定する場合、RCTによる結論は強力なエビデンスとなるが、多数のRCTの結果を統計学的に集計したメタ分析の結論は、さらに強い根拠を持つ。認知行動療法は特にうつ病や不安症への有効性について、RCTやメタ

分析のエビデンスの蓄積がある〔Layard & Clark, 2014〕。

エビデンスベースト・アプローチは特に医療分野で発展し、根拠に基づいた医療（evidence-based medicine: EBM）と呼ばれる。イギリスではEBMは医療経済と結びついてエビデンスに基づく医療政策（エビデンスベースト・ヘルス・ポリシー）として発展した。経済学では「限られた資源をどう分配し，人々の幸福度を最大化するか」を研究する〔津川・中室, 2016〕。イギリスや日本を含む先進国では医療費は年々増大している。経済学の視点で見れば、限りある医療費という資源を根拠のない治療法に分配することはできない。そこで、費用対効果の高い治療法に優先的に医療費を割り当てる発想が生まれた。言い換えると、費用対効果のエビデンスのない治療法には医療費を割り当てないということである。イギリス政府は財政難に苦しんでおり、医療費削減のための基礎データを必要としている。そのために国立医療技術評価機構〔NICE〕が、あらゆる領域の医学的治療について費用対効果のエビデンスを収集しNICEガイドラインとして発表している〔Layard & Clark, 2014〕。

イギリスでは2008年に政府が5億ポンド（800億円）を投じて心理療法アクセス改善（IAPT）政策を実施した。これは、希望するイギリス国民全員にうつ病や不安症に有効な心理療法（主に認知行動療法）を提供しようという壮大な試みであった。IAPT政策の基礎となったのは、うつ病や不安症に対する認知行動療法のエビデンスの蓄積である。IAPTはうつ病や不安症以外の疾患に対象を拡大して継続中である〔Layard & Clark, 2014〕。

わが国においても1973年以降、国民医療費の総額は年々増大し、それに伴って公費負担も急速に増大しているので、イギリスの話は対岸の火事ではない。このままではわが国の医療システムは崩壊すると予測される〔山田, 2018〕。それを防ぐには医療資源の選択と集中が必要で、その判断基準はエビデンスベースでおこなわれると予想さ

れる。内閣府は証拠に基づく政策立案（エビデンス・ベースト・ポリシー・メイキング：EBPM）を推進しており医療政策も例外ではない〔内閣府, 2018〕。わが国における認知行動療法の介入効果や費用対効果のエビデンスは、欧米に比べると非常に少ないが、うつ病〔Nakagawa et al., 2017〕や不眠症〔Watanabe et al., 2015〕などに関して徐々に増えており、それらの研究成果が日本の医療行政に与える影響は少なくないと考えられる。

3. 認知行動療法の三つの世代

認知行動療法には第一・第二・第三世代という三つの世代がある〔熊野, 2012〕。第一世代は「行動療法」とも呼ばれ、問題行動を行動という視点から理論化する学習理論（行動論）を基盤として開発された。第二世代は行動に加えて「認知」の役割を強調した理論（認知理論あるいは認知論）に基づく介入法である。第三世代は「マインドフルネス」や「受容（アクセプタンス）」を強調した理論を基盤にもつ介入法である。マインドフルネスとは、自分の認知や行動、気分などに客観的な視点を保って気づいていることである。受容（アクセプタンス）とは、問題や症状を変化させるのではなく、そのまま受け入れる態度のことである。

認知行動療法という用語が意味するものはさまざまである。①認知行動療法という用語が第一・第二・第三世代すべてを指す場合、②第一世代を行動療法として区別し、第二・第三世代をまとめて認知行動療法と呼ぶ場合、③第二世代のみを認知行動療法（狭義の認知行動療法）と呼ぶ場合がある。

(1)第一世代の認知行動療法(行動療法)

第一世代の認知行動療法の理論的基盤はレスポンデント条件づけ（古典的条件づけ）とオペラント条件づけの理論などである。

[①レスポンデント条件づけとエクスポージャー法] 〈レスポンデント条件づけ〉はロシア〔現在〕の生理学者パブロフによって研究されたので「パブロフ型条件づけ」とも呼ばれる。パブロフは犬を使った研究のなかでレスポンデント条件づけを発見した。犬はえさが目の前に出されると自然な反応として唾液を垂らす。この場合、えさを無条件刺激、唾液を垂らす反応を無条件反応と呼ぶ。無条件刺激に対して無条件反応が生じるのは生物としての自然な反応である。犬がいる実験室には電灯があった。電灯は当初、犬にとっては特別な意味を持たない刺激であった。そのような刺激を中性刺激と呼ぶ。次に実験者が電灯の明かりをつけて犬にえさを出すという手続きを繰り返すと、しまいには犬は電灯に明かりがつくだけでえさが目の前にない状態であっても唾液を垂らすようになる。当初、犬にとって特別な意味のなかった中性刺激が実験によって唾液を垂らすという反応を生じさせる効果を持つようになったわけである〔Nolen-Hoeksema et al., 2014〕。これを〈レスポンデント条件づけ〉という。条件づけが成立した後は、当初の中性刺激を「条件刺激」と呼び、条件刺激に誘発されて生じた反応（ここでは唾液を垂らすこと）を「条件反応」と呼ぶ。条件づけが成立した後、犬に電灯をつけるがえさを提示しないという試行を続けると、最初は唾液を垂らす反応が生じるが、次第に唾液を垂らす反応は減弱していく〔Nolen-Hoeksema et al., 2014〕。これをレスポンデント消去と呼ぶ。

　〈レスポンデント条件づけ〉の理論は、不安症、恐怖症やPTSDなどの発症メカニズムを説明する理論である。たとえば、自動車を運転することに何の恐怖を感じていなかった人が自動車事故で非常に恐ろしい体験をして重傷を負ったあと、運転が怖くてできなくなることがある。これは事故の体験によって〈レスポンデント条件づけ〉が生じ、当初は「中性刺激」であった自動車の運転が事故後に条件

反応としての恐怖反応を誘発する「条件刺激」としての性質を獲得したためである。

　この問題を解決するにはレスポンデント消去のメカニズムによって恐怖反応を弱めれば良い。この技法を〈エクスポージャー法（曝露法）〉と言う。エクスポージャーとは不安や恐怖などを生じさせる状況に直面する技法である。エクスポージャー法は以下のような手順でおこなう。

　例えば、交通事故後に運転が恐怖感のためにできなくなったクライエントが来談し、もとのように運転できるようになることを希望しているとしよう。医療機関を来談するクライエントの場合、運転恐怖以外にも日中のフラッシュバックや悪夢、抑うつ症状、それに伴う希死念慮などさまざまな精神症状や問題が生じて問題が複雑化している場合があるが、ここでは説明を簡単にするために、運転恐怖以外に大きな症状がないと問題を単純化して考える。

　まずケースフォーミュレーションをおこない、クライエントに介入のインフォームドコンセントを得てから介入を開始する。介入の前に不安を誘発する状況を一覧表にまとめる作業をおこなう。その際、それぞれの状況が誘発する不安の強さを数値化し（例えば、不安が全くない場合を0点、不安が非常に強い状態を100点とする）、表の下に不安の低い状況を、上の方に不安の強い状況を書き入れる。これを不安階層表と呼ぶ。例えば、止まっている自家用車の運転席に座るのが30点、自宅近くを運転することが40点、事故が起こった交差点を助手席に座って通過するのが60点、事故が起こった交差点を運転して通過するのは80点というようにである。次に実際に不安階層表の下のほうにある不安の少ない状況から介入を実施する。クライエントは実際に自家用車の運転席に座ってみるのである。課題をおこなうと当然、不安感や恐怖感が高まるのであるが、しばらくそのまま待っているとレスポンデント消去が生じて、不安や恐怖は自然に弱

くなるので、そうなるまで不安や恐怖を避けずに感じ続けるように
する。不安が下がるまでの時間はさまざまで、10分ほどで不安が減
弱することもあれば、30分から40分、それ以上かかることもある。
〈エクスポージャー〉の実施は、医療機関や相談機関内でできるので
あれば、失敗を避けるために最初はセラピストが同伴しておこなう
のが好ましい。セラピストと一緒にエクスポージャーを実施して成
功すれば、自宅でもホームワークとして同様の課題を実施してもら
う。一人でうまくやれれば一番良いが、難しそうであれば家族に手
伝ってもらってエクスポージャーをおこなうこともある。同一の課
題に対して何度もエクスポージャーを実施し、その課題の不安が十
分に下がれば、それよりもやや不安の高い課題（自宅近くでの運転）へ
と進んで、同様のエクスポージャーを実施する。こうして不安階層
表のいちばん上の課題までエクスポージャーを実施して、不安が下
がり、もとのように運転ができるようになれば介入は終了である。

[②オペラント条件づけ]　オペラント条件づけは「道具的条件づけ」
とも呼ばれる。オペラント条件づけとは、ある行動をおこなったあ
と、結果として生じた出来事（結果事象）によって、最初の行動が生
じる頻度が影響を受けることを言う。
　例えば、全身の痛みを訴えているクライエントが痛みの治療のた
めに入院していると仮定する。そのクライエントは家族ともほとん
ど関わりが無く、お見舞いに来る人も話し相手もまったくいない孤
立状態である。病棟では一日中寝てばかりいる。このような状況で
クライエントが痛みが増強したときに、痛みに対する処置を病棟ス
タッフに対して訴えるとする。当然スタッフはその訴えに対応しよ
うとする。また、そのクライエントに対して担当セラピストがいた
とすれば、クライエントはセラピストの面接中に何度も痛みの訴え
をおこなうかもしれない。セラピストはその痛みの訴えを面接室で

の面接時間中、延々と傾聴することになるかもしれない。このような場合、しばしばスタッフに対するクライエントの痛みの訴えが持続し、痛みも軽減しないことがある。傾聴を続けてもクライエントは洞察めいたことは語らず、セラピストの目から見ると痛みの訴えに終始しているように見えることが多い。担当者はクライエントの役に立っているような実感を持つことはできず、クライエントに対する他のスタッフの不満も増大して、場合によっては担当者がバーンアウトすることもある。

　痛みの訴えがそのような状況で延々と持続するのは、痛みの訴えが周囲の医療スタッフの対応によって強められていると考えると、うまくその現象を説明できる。〈オペラント条件づけ〉の視点では、痛みの訴え（疼痛行動）を周囲の対応が強化していると捉える〔有村, 2015〕。この場合、周囲の対応を強化子と呼ぶ。周囲のスタッフや担当セラピストは傾聴によってクライエントの不適応行動を、意図的ではないにせよ強めてしまっており、問題が解決しないのである。

　〈オペラント条件づけ〉の理論では、行動の結果、事象として何が起こったか？　行動の生起頻度が増えたか？　減ったか？　という組み合わせで行動をいくつかのパターンに分類して捉える〔三田村, 2017〕。

【a正の強化】　クライエントの痛みの訴えに対してスタッフのかかわりが増えるという場合は、痛みの訴えに引き続いて、それまでなかったかかわりという肯定的な出来事が新たに出現したという行動パターンである。これを正の強化と呼ぶ。

【b負の強化】　そのクライエントは自己主張が苦手で職場や家庭で過大な要求をされ続けて調子を崩し、休職して医療機関を受診し入院したという事情があった。痛みの訴えは結果として休職や入院治療につながり、それが不快な職場や家庭（嫌悪刺激）から回避する機能を持つことで痛みの訴えはより持続していると考えられる。もともとあった不快な出来事や刺激が行動（痛みの訴え）の結果として消失す

ることで行動の生起頻度が増加することを負の強化と呼ぶ。

　従来、このようなクライエントの行動は「疾病利得」であると否定的に捉えられ、さらに「わざと痛みを訴えている」「意図的に症状を出している」と詐病のように解釈されることがあるが、オペラント条件づけの理論では、クライエントの行動を意図的な詐病として意味づけしているわけではない。あくまでも行動とそれに続く強化子との関係性を捉えているだけであり、それが意図的かどうかは大きな問題でない。しかし、関係者にクライエントの行動のメカニズムを説明するときは要注意で、そのような「詐病」としてセラピストが捉えているように周囲に誤解されたり、関係者が詐病のように捉えて介入への協力意欲を低下させてしまうことがあり得るので、注意すべきである。

　この疼痛行動の問題に対しては〈オペラント条件づけ〉による介入で対応する。まず、クライエントの主訴と介入目標を聞き出す。痛みがひどくて生活ができていないこと、もともとは働いていたので、どんな仕事でもよいので働けるようになりたいと希望したと仮定する。主訴と介入目標が明確になったら、セラピスト側が考える問題のメカニズムをクライエントに説明し、疼痛行動に対する正の強化子を減らしていくこと（例: 面接で痛みを詳しく聞くことはしない）、適応行動（例: ベッドから起き上がる、徐々に歩く距離を伸ばしていく、就労について相談に行くなど）に対して正の強化を行う（例: ほめるなど）ことをクライエントに提案し、クライエントの承諾が得られたら介入を開始する。

　入院病棟で実施するのであれば、全スタッフがこれに同意して協力することが重要で、一人でも反対しているスタッフがいると失敗の元になるので、全員が本当に納得するよう調整することが重要である。オペラント条件づけプログラムに限らず、〈認知行動療法〉の

介入では、スタッフ、家族など関係者の同意が全員得られていることは非常に重要である。最初の介入が失敗したときなどをきっかけに、それまで沈黙を保っていた介入に反対しているスタッフや家族が、介入を非難して介入の障害となることがある。また、スタッフや家族で意見の相違がある場合、そのなかにいるクライエントが葛藤状態になり、特に重症のクライエントの場合には、症状増悪や自殺未遂などの原因になることもあるため、意見のわずかな相違でも無視すべきではない。どうしても不一致が解消しなければ、積極的な介入は中止して、現状維持的な方針に切り替えるのが安全である。

(2)第二世代の認知行動療法

　第二世代の認知行動療法は、第一世代の認知行動療法を拡張し、クライエントの問題や症状に対する認知の役割を強調した。問題や症状を認知、行動、感情、身体症状、クライエントの周囲の環境という要素に分解して、理論化する。特に認知の役割を強調した理論は〈認知理論〉と呼ばれ、ベックによるうつ病の認知理論 [Beck et al., 1979] が有名である。うつ病の認知理論ではクライエントのうつ症状は否定的な認知、行動、身体症状の相互作用によって持続すると考え、特に否定的な認知（非機能的認知）がうつ症状持続に大きな役割を果たしていると想定する。例えば「自分はだめな人間だ」「このまま自分は治らない」などの否定的認知がうつ症状を維持させると仮定する。ベックの認知理論では、クライエントの認知について、クライエントが容易に意識化できる浅いレベルの自動思考、普段は意識することがないがクライエントの心の奥底にあって自動思考に影響を与えるスキーマというように、認知の階層構造を仮定していることが特徴である。

　うつ病の認知療法では認知を変えてうつ症状を改善させようとする。その際よく使われるのが認知再構成法である。クライエントに

うつ症状があるときの状況、気分、否定的な自動思考を記録してもらい、その自動思考が事実でないことを示す反証をクライエント自身の生活のなかから自分で発見し、より否定的でない客観的なとらえ方ができるようにセラピストは援助する。

第二世代の認知行動療法では、認知の役割が第一世代より強調されてはいるが、実際の臨床では第一世代の行動的な技法と第二世代の認知的な技法を組み合わせて介入する。

第二世代の認知行動療法は、うつ病や不安症（パニック症、社交不安症など）、摂食障害、統合失調症、慢性痛などに対するエビデンスがある〔Layard & Clark, 2014〕〔慢性疼痛〜ワーキンググループ, 2018〕。

(3)第三世代の認知行動療法

第三世代の認知行動療法は〈マインドフルネス〉や〈受容（アクセプタンス）〉を強調している〔有村, 2015〕。問題や症状を受容しようとするのが特徴で、クライエント中心療法の考え方と似ている。第一世代、第二世代の認知行動療法は、変化を志向し、症状除去や問題解決を強調する。第三世代ではむしろ症状や問題の受け入れが特徴で、否定的な認知を変えずに、そこから距離をとるようにする（脱中心化）など、認知の取り扱い方も第二世代とは異なる。

マインドフルネスとは「今この瞬間において、次々と生じている体験に、価値判断をしないで意図的に注意を向けることによって得られる気づき」〔Kabat-Zinn, 2003〕である。自分が今の瞬間にしていること、感じていること、考えていることなどに良い悪いといった価値判断をしないで気づいている、あるいは意図的に注意を向けることを指す。もしそれができれば、抑うつなどの否定的感情の受け入れが進み、それらは結果的に弱まっていく。

第三世代認知行動療法には、マインドフルネスストレス低減法、マインドフルネス認知療法、弁証法的行動療法、アクセプタンス＆

コミットメント療法などがある。〈マインドフルネスストレス低減法〉は慢性痛の患者を対象として開発された介入法で、慢性痛や乳がん患者のQOL改善にエビデンスがある〔有村, 2015〕。〈マインドフルネス認知療法〉はうつ病の再発防止を目的に開発されたもので、マインドフルネスストレス低減法の技法とうつ病の認知理論が統合された介入法である。反復性うつ病の再発防止、慢性うつ病の改善にエビデンスがある〔有村, 2015〕。〈弁証法的行動療法〉は境界性パーソナリティー障害へのエビデンスがある。〈アクセプタンス&コミットメント療法〉はさまざまな問題や疾患へのエビデンスがあるが、特に慢性痛に対する有効性が近年よく報告されている〔慢性疼痛〜ワーキンググループ, 2018〕。第三世代認知行動療法は、第一、第二世代の認知行動療法では改善が難しかった反復性、慢性うつ病やパーソナリティー障害に対して特に効果的であるように見える。

文 献

有村達之 (2005).「痛みへのアプローチ—心療内科と認知行動療法」臨床心理学5, 472-477.

有村達之 (2015).「新世代認知行動療法のエビデンス」認知療法研究6, 2-8.

Beck, A.T., Rush, A.J., Shaw. B.F., & Emery. G. (1979). *Cognitive Therapy of Depression.* Guilford Press. 坂野雄二(監訳)、神村栄一・清水里美・前田基成(訳) (2007).『うつ病の認知療法』岩崎学術出版社.

Eysenck, M.W. (2000). Psychology: *A student's handbook.* Psychology Press. 山内光哉(監修)、白樫三四郎・利島保・鈴木直人・山本力・岡本祐子・道又爾(監訳) (2008).『アイゼンク教授の心理学ハンドブック』ナカニシヤ出版.

Kabat-Zinn, J. (2003). Mindfulness-Based Interventions in Context: Past, Present, and Future. Clinical Psychology: Science & Practice, 10(2), 144-156.

小堀彩子 (2016).「心理教育」下山晴彦・中嶋義文(編)『公認心理師必携 精神医療・臨床心理の知識と技法』金剛出版, pp.226-227.

熊野宏明 (2012).『新世代の認知行動療法』日本評論社.

Layard , R. & Clark, D.M. (2014). *Thrive: the power of evidence-based psychological therapies.* Allen Lane. 丹野義彦 (監訳) (2017).『心理療法がひらく未来』ちとせプレス.

慢性疼痛治療ガイドライン作成ワーキンググループ (2018).『慢性疼痛治療ガイドライン』真興交易 (株) 医書出版部.

三田村仰 (2017).『はじめてまなぶ行動療法』金剛出版.

Nakagawa, A., Mitsuda, D., Sado, M.,Abe, T., Fujisawa, D., Kikuchi, T., Iwashita, S., Miura, M., & Ono, Y. (2017). Effectiveness of Supplementary Cognitive-Behavioral Therapy for Pharmacotherapy-Resistant Depression: A Randomized Controlled Trial. The Journal of clinical pasychiatry, 78, 1126-1135.

内閣府 (2018).「平成30年度内閣府本府EBPM取組方針」 Retrieved from https://www.cao.go.jp/others/kichou/ebpm/ebpm.html (2019.3.10).

Nolen-Hoeksema,S., Fredrickson, B.L., Loftus,G.R., & Lutz,C. (2014). *Atkinson & Hilgard's introduction to psychology* 16th. Hampshire: Cengage Learning EMEA. 内田一成 (監訳) (2015).『ヒルガードの心理学第16版』金剛出版.

杉浦義典 (2016).「エビデンスベースド・アプローチ」下山晴彦・中嶋義文 (編)『公認心理師必携　精神医療・臨床心理の知識と技法』金剛出版, pp.181-182.

津川友介・中室牧子 (2016).「科学的根拠が変える教育と医療政策」週刊医学界新聞, 第3162号, 医学書院.

Watanabe, N., Furukawa, T, Shimodera, S., Katsuki, F., Fujita, H., Sasaki, M., Sado, M., & Perlis, M.L. (2015). Cost-effectiveness of cognitive behavioral therapy for insomnia comorbid with depression: Analysis of a randomized controlled trial. Psychiatry and Clinical Neurosciences, 69, 335-343.

山田冨美雄 (2018).「健康心理学」宮脇稔・大野太郎・藤本豊・松野俊夫 (編)『健康・医療心理学』医歯薬出版, pp.6-16.

●現場への眼差 ⋯⋯⋯⋯⋯⋯⋯⋯⋯⋯⋯⋯⋯⋯⋯⋯⋯⋯⋯⋯⋯⋯⋯⋯⋯

☐ 認知行動療法の特徴について説明できるでしょうか?

☐ 認知行動療法の「三つの世代」の違いを説明できるでしょうか?

☐ 「三つの世代」それぞれの理論的基盤について、整理してみましょう。

第 **3** 章

その他の心理療法

小林孝雄・金子周平

人に向きあうアプローチ

　心理支援を担う理論としては、自然科学的心理学が成立する以前には、精神分析理論がもっとも有力な（ほとんど唯一の）理論体系であった。心理支援には数多くのアプローチが存在するが、その創始者には何らかのかたちで本格的に精神分析理論に接近した経験を持つ者が多く、"精神分析的アプローチ"の影響力は依然として大きい。

　また、個人の「内面」の意識ではなく「行動」を対象とした行動主義心理学によって、人間の心に対する"自然科学的アプローチ"が可能となり、心理学の理論は飛躍的に発展した。心理支援においても、〈認知行動療法〉などの自然科学的心理学を基盤とした理論体系や研究、実践は、実証可能性・説得性の点から、こんにち最も有力な理論体系と言ってよい。

　さて、心理支援や心理学が「人間」を扱うなかで、この二つの理論が明確には対象としていない、あるいは扱うことができていない人間や人間社会の側面に注目し、この二つとは異なった理論と技法体系を発展させてきているアプローチもある。

　そのひとつは、"ヒューマニスティック・アプローチ"あるいは"人間性心理学"と呼ばれるグループである。このアプローチの創始者の一人であるマズロー〔Maslow, A.〕は、精神分析が本能的欲求の充足に重きを置くことに疑問を抱き、人間の人間たる本質的欲求には
▶3-63/4-18
「自己実現欲求」などの肯定的・積極的なものがあると提唱した。人間をはじめとする有機体には、備わる機能を十全に発揮することを目指す「実現傾向」が存在すると想定する〈クライエント中心療法〉のグループが、このアプローチの代表である。
　　　　　　　　　　　　　　　　　　　　　▶4-33
　また、実存主義の影響を受けている一群〈実存的アプローチ〉も、

精神分析や行動主義が想定する受動的・決定論的人間の姿に疑問を抱き、自由意志など、人間存在としての本質に着目したアプローチを発展させてきており、"ヒューマニスティック・アプローチ"に含めることができる。

　また、心理学だけでなく、広く自然科学や社会科学の真理探究に対するアプローチの仕方についても、批判や探求が続けられてきており、近代思想以後の有力な立場として「社会構成主義」[3-24,34]があげられる。〈ナラティヴ・セラピー〉[1-65/3-25,86〜90]は、家族療法から生まれたアプローチであるが、この「社会構成主義」[3-18〜36,80〜96]の影響を強く受けたグループも含まれている。このほか、芸術表現を媒介とした心理療法や、日本独自に創始され、発展しているアプローチのなかに、心理支援において用いられているものもある。

　本章では、以上のアプローチのうち、現在現場で用いられている代表的なものをとりあげて、要点・概要を確認する。

クライエント中心療法

(1)基礎理論・基礎練習だけなのではない

　クライエント中心療法[3-43]が心理支援の主要なアプローチのひとつと位置づけられることには異論はないだろう。そこでは、セラピストとして備えておくべき基本的態度が強調され、それは他のアプローチにおいても重要な態度とみなされている。それらの態度は、クライエントとの援助の基盤となる援助関係や同盟を構築するために重要であることも、多くの専門家が同意するだろう。

一方で、「クライエント中心療法だけでは、心理支援は十分ではない」ともみなされていると思う。このアプローチが強調する態度や、「反射 (reflection)」といった技法は、初学者がまず身につけることを目指すものであって、身につけた先には、訓練すべきもっと専門的な技法や理論が待っている、とも見なされていないだろうか。しかしそれはそれで良しとしたい。そういう役割が、クライエント中心療法にはあるのだから。

ロジャーズ〔Rogers, C.R.〕が創始し、その後も発展が続いている〈クライエント中心療法〉およびその発展型としての〈パーソンセンタード・アプローチ〉は、基礎理論・基礎練習のみを扱った体系ではなく、それとして、単独で成立しうる理論体系、援助実践体系である。ここでは、そうした体系としてのクライエント中心療法のエッセンスを確認する。そのような確認を経て、あらためて、さまざまなアプローチの基盤となりうるアプローチでもあることを読者が再確認できるとよいと思っている。

(2)クライエント中心療法が考える成果

クライエント中心療法は、セラピーによってどのような変化を目指しているのか。

ロジャーズは「治療的人格変化の必要十分条件」という論文のなかで、想定する「人格変化」を、「統合が増大すること、内的葛藤が減少すること、充実した生に使えるエネルギーが増大することである」としている〔Rogers, 1957〕。これ人格の「成長」と同義とみなされる〔Tudor & Merry, 2002 邦訳, p.94〕。また別の論文では、セラピーの結果として次のようなことが起きるとしている。「人格の構造と統合が積極的な方向に向かって変化する」「自分自身にもっと自信ができる」「自分をより理解するようになったと感じる」「気楽になり緊張が少なくなる」「自己自身をより高く価値づける」「成熟した行動をする」〔Rogers, 1956〕。

ここに記述されていることがらも、「心の健康の保持増進」〔公認心理師法 第1条〕と言ってよい。心の支援のテーマというと、不登校の解消や、うつ状態の改善、対人緊張の改善や、職場適応の改善といった、具体的なことがらが想定されることが多い。それら具体的なことがらも含みつつ、広く「人格の成長」を目指すことも、大切な心の支援であろう。クライエント中心療法は「人格の成長」を成果として想定するセラピーである。ロジャーズとその同僚たちが、自分たちの実践に携わるなかで、クライエントが「人格の成長」を果たす様子を見てきたのである。それらの実践での経験をもとに、「人格の成長」が起こるプロセス（過程）・条件・機序をあきらかにしようとして、体系化されたアプローチが、クライエント中心療法である。

(3)「人格の成長」が起きるセラピーのプロセス

ロジャーズ〔1956〕の整理に沿って、セラピーのプロセスを見てみよう。

1) セラピストの受容や共感的理解といった態度（詳しくは後述する）をクライエントが知覚 (perceive) することによって、クライエントは「自由に自らの体験を探求してみたい」と思うようになる。この探求を続けることで、しだいに、これまで意識することを拒否していた感情や、本当の感情から歪曲されて意識されていた感情に気づくようになる。理論的な表現 (Rogers, 1951, 1959) を用いるなら、クライエントは、「体験」と「自己概念」との〈不一致〉に気づくようになる。

2) 多くはセラピー全体の期間の中盤以降、これまで拒否されていた生活の面を、セラピーのその時に、意識の上で体験するということが起きる。体験される感情としては、否定的なものだけでなく、愛情や優しい気持ちなどの肯定的なものも含まれる。拒否されていた感情を体験するということは、それまでの自己の体制 (organization) を揺るがすことでもある。そのような揺るがしがありつつも、このような体験を続けることができるのは、セラピストの受容があるからである。理論的な

表現 (Rogers, 1959) によるならば、自己構造の再体制化がおこなわれ、自己構造に沿うように形成されていた自己概念も、ありのままの体験を象徴化できるように再体制化されていくのである (「B. セラピーの理論 6,7,8」)。

3) クライエントは肯定的な配慮 (positive regard) を体験する。セラピストからの〈無条件の肯定的配慮 (unconditional positive regard)〉という態度を体験することで、「自分が大切にされ尊重されている」という体験が積み重なる。しだいに、自分のいかなる体験も、意識にのぼることをクライエント自身が容認するようになる。セラピストの態度が内在化され、自分で自分自身に対して〈無条件の肯定的配慮〉を体験するようになる。自分を大事にし、価値があると感じるようになる。

4) 自己概念が、あらたな体験をすることで絶えず再体制化される。それまで自己概念には、例えば父親や母親といった他者から取り入れられた要素が含まれていた。それらを排除していき、他人の経験からではなく、自分自身の体験によって自己疑念を形作りなおしていく。体験と自己概念とがより〈一致〉してくる。

5) クライエントは行動のなかに新しい自己を体験する。日々到来するさまざまな行動選択において、またいろいろな出来事において、どう行動するか、どう意味づけるかを、自分自身の有機体としての体験を信頼し、それにもとづいておこなう。これは、「評価の所在 (locus of evaluation)」が自分自身にあるということであり、クライエントは「有機体的価値づけ過程 (organic valuing process)」が自分のなかにあることを自覚する。ここに至って、セラピーを終えることも決定できる。

　以上が、プロセスの概略である。

(4)なぜセラピーのプロセスが生じるのか

　いま見たような、自己の意識されていなかった体験の探求や、体験と自己概念の不一致の減少と一致の増大、自己構造の再体制化、有機体的価値づけ過程は、なぜ可能となるのだろうか。ロジャーズの主著『クライエント中心療法』〔1951〕の第2章「カウンセラーの態

度とオリエンテーション」で述べられていることをもとに、要点を確認してみたい。

　クライエント中心療法において、クライエントはセラピストのなかに、「理解しようと努力するというひとつの特質は別として、その人自体の自己をできるかぎり捨て去った」別のもう一つの自己 (another self) を見出す。この〈もう一つの自己〉によって、クライエント自身の表明するいかなる体験も、自分が自覚する仕方とほとんど同じ仕方で理解され、かつ受容される、ということに気づく。このことは、自己探求のための安全感を生み、これまで、意識にのぼることを拒否されていた体験、歪曲されて意識にのぼっていた体験が、拒否や歪曲されることなくそのまま体験され、意識にのぼることが可能になっていく。すなわち、体験と自己概念の不一致が、意識にのぼるようになる。

　そのように、クライエントが、自己概念を脅かすがために意識にのぼらせないようにしていた体験を、体験し言葉で表現すると、〈もう一つの自己〉が、やはり変わらず、クライエントが知覚し、体験し、気づくままに、知覚し、体験し、気づいて（象徴化して）受容することを目撃する。このようにして、いかなる体験もそれと認め受容する〈もう一つの自己〉をセラピストのなかに見出すことで、クライエント自身に内在化されていき、しだいに、クライエントが自身の体験を、受容と尊敬をもって体験できるようになっていく。

　体験は、そのままの体験にふさわしい象徴化（対話においては言語化が中心となる）がなされ、この体験に一致した象徴化が自己概念へと取り込まれ、また正確な象徴化を可能とするような自己概念へと、随時再体制化されることが柔軟におこなわれることが可能となるような、自己構造へと近づいていくのである。

(5)体験と自己概念の一致がもつ意味

　このように、体験と自己概念が常に一致する可能性が高いように、体験に十分開かれている状態は、どう位置づけられるのだろうか。ロジャーズは、自らの理論の広範囲な体系化を試みた「クライエント中心療法の立場から発展したセラピー、パーソナリティおよび対人関係の理論」〔Rogers, 1959〕のなかで、「人間という有機体の特徴についての結論」として次のように述べる。

① 人間は自分の心理的不適応、つまり自己概念と自分の全体験との間の不一致の諸要因を、意識の上で体験する能力を有する。
② 人間は自分の自己概念を、自分の全体験とより一層一致させるように再体制化し、それによって心理的不適応の状態から逃れて、心理的適応の状態へと進んでいく能力をもち、またいつもその方向へと向かって進む傾向がある。〔邦訳, p.224〕

　したがって、不登校の解消や、うつ状態の改善、対人緊張の改善や、職場適応の改善といった不適応状態は、体験と自己概念の〈不一致〉が増大していたがゆえに生じていたのであり、体験と自己概念の〈一致〉が増大することで、有機体として心理的適応の状態へと変化してくことが期待できると考えるのである。有機体がこのような能力や傾向を有するのは、「実現傾向 (actualizing tendency)」と呼ばれる、有機体を維持し強化する方向に全能力を発展させる傾向が、有機体に内在していると仮定するからである。

　すなわち、体験と自己概念の〈一致〉の増大を目指すのは、有機体に内在する「実現傾向」の発動によって、心理的適応状態へと変化する、有機体が本来もつ能力・傾向の十全な発揮を可能にするためなのである。これが、クライエント中心療法のセラピーのプロセスで、果たされていくのである。そして、このセラピーのプロセス

を始動し、発展させるために必要なのが、セラピストの態度である。

(6)セラピーを可能にするセラピストの態度

先述の「人間という有機体の特徴についての結論」の①②に続けて、③では次のように述べられている。

③ これらの能力や傾向が、表面に現れていないで覆い隠されていても、次のような人間関係が備わっているならば、これらの隠されている力は解放されていくであろう。すなわち、一方の人がその関係のなかで一致しており、相手に無条件の肯定的配慮と感情移入的理解（共感的理解）を感じており、しかもこれらの態度をいく分かでも相手に伝達することのできるような関係が存在していることである。〔邦訳, p.224〕

"セラピストの三条件"としても知られる〈一致〉〈無条件の肯定的配慮〉〈共感的理解〉である。このセラピストの態度が存在することで、クライエントの有機体に有する実現傾向の発現が可能になるのだという。なお、この条件が提示された論文として「治療的人格変化の必要十分条件」〔Rogers, 1957〕がよく知られているが、その直接の元となったものがこの1959年の論文である（刊行順は、実際に書かれた順番と逆である）。1959年論文は、アメリカ心理学会から「可能な限り独立変数・従属変数という用語を用いて」という要請のもと書かれた〔邦訳, p.172〕。そして1957年の論文は、その一部について、リサーチを目論んで概念が整理された論文であり、厳密な記述として有名ではあるが、臨床経験にもとづく記述としてはやや異質さが感じられる。ここでは、1966年に出版された論文である「クライエント中心療法」の記述をもとに、三条件を確認していきたい。

[**一致** (congruence)] セラピストが、クライエントとの出会いのあい

だ、「自身のあるがまま」であるということである。表面をつくろったり、仮面をかぶったりしていないで、心を開いて、その瞬間に自身のなかに流れている感情や態度そのものであることができる。これは、クライエントとの直接的な人間的出会い (direct personal encounter) に入り込み、ひととひと (person to person) という基盤の上でクライエントに出会う、ということである。また、自身の体験に気づいており、必要があればそれをコミュニケートすることができる。これは、関係においてリアル (real) であるということでもあり、自身の内部に進行している体験過程 (experiencing) の流れに触れていることが必要である。他の二つ〈無条件の肯定的配慮〉と〈共感的理解〉が意味をもつためには、関係においてリアルであることが必要である。なお、「真実性 (genuineness)」という表現がこの条件を指し示す際に用いられることもある。

[無条件の肯定的配慮 (unconditional positive regard)] positive と regard はそれぞれ「積極的」「関心」とも訳される。セラピストがクライエントに、人間的潜在力をもったひとりのひととして、深い、純粋な心配りを伝えるということ、クライエントの思考・感情・行動に対して、評価を帯びていない心配りを伝える、ということである。クライエントの体験を、そのひとの一部であるとして、あたたかい受容を体験しており、しかもその受容にはなんら条件がつけられていないということである。保留もなければ評価もない、あふれ出てくる肯定的な感じなのである。

〈無条件の肯定的配慮〉がセラピストから伝えられるとき、クライエントは、内面深く覆い隠していることがらを探求し体験できるような、脅威のない文脈におかれることにつながる。

[共感的理解 (empathic understanding)] 感情移入的理解とも訳される。今ここでの関係において即時性に立ち合いながら、瞬間瞬間に敏感でありつつ、クライエントの私的な独自の意味で満ちた内的世界を、

あたかもセラピスト自身のものであるかのように感じ取ることである。このとき"あたかも～かのように"という特質を失わないことが大切である。クライエントの今のありように正確に敏感であることが、セラピーという瞬間瞬間の出会いのなかで、最も大切である。

　クライエントが内面の体験過程に触れているまさにそのときに、そのときの体験に関してのセラピストの共感的理解が、正確に、敏感に伝達されることは、クライエントが自身の内面の感情・知覚、独自の意味をより自由に体験することができるために、決定的に重要である。内面の体験過程に触れているときクライエントは、体験がどの点で自己概念とずれているのか、その結果どこで自分がまちがった概念で生きようとしているのかが、認識できるのである。

　クライエント中心療法のセラピストは、クライエントの世界をクライエントが見ているままに理解することが、セラピーのプロセスの進展のために最も重要だと信じている。この信念こそ"クライエント中心"という言葉の意味である。クライエントの私的世界についての〈共感的理解〉は、セラピーという仕事をするために必要な「クライエント理解」という準備なのではない。クライエント中心療法のセラピストは、セラピーの始まりから終わりまで、クライエントの現象世界に留まっていようとする。そこから離れることは、セラピーのプロセスの進展を遅らせると考えるのである。

　そして、特に、クライエントの今の現象世界に専心することを目指している。それは、クライエントが体験過程に触れている、ということの重視であり、その触れている「今」における〈共感的理解〉の伝達こそ、セラピーにとって意味をもつのである。

(7)態度としての非指示

　ロジャーズは、『クライエント中心療法』〔1951〕の第2章「カウンセラーの態度とオリエンテーション」で次のように述べている。

私には、セラピストが、いかなる所産も、いかなる方向も、選択されうるということを完全に希求しているときにのみ、そのときにのみ、セラピストは、建設的な行為を目指す個人の能力や可能性の生き生きとした力を現実化するように思われるのである。〔邦訳, 全集3, p.65〕

この信念から必然的にセラピストは「非指示的」となるのだろう。
『クライエント中心療法』において、受容や共感的理解は、ある態度の遂行としてセラピストがおこなうものと位置づけられていた。その態度とは、「他人への尊敬」である。この態度はまた、次のような疑問の形式でも述べられている。

○ われわれはそれぞれの人間を、各自の権利において価値と尊厳をもっているものとしてながめているか？
○ われわれは、価値のある人間として個々人を取り扱う傾向があるか、それとも、われわれの態度や行動により、価値あるひとびとを巧みに低く評価するか？
○ われわれの哲学は、個人に対する尊敬を最上とする哲学であるか？
○ われわれは、自己指示 (self-direction) に対する個人の能力と権利とを尊重するか、それとも、その個人の人生は、われわれによって最もよく指導されるということを基本的に信じているか？〔邦訳, 全集3, p8. p.25-26〕

これらの態度の最も効果的な遂行が、〈受容〉であり〈共感的理解〉なのである。"三条件"として知られるセラピストの態度は、さらにそれを支える態度の遂行という位置づけなのであり、支える態度、すなわち"他人への尊敬"こそが重要なのであり、この態度が深く浸透している程度に応じて、セラピストは「非指示的」となるのだと述べられている〔邦訳, 全集3, p.27〕。

(8)おわりに

"他人への尊敬"という態度、それの遂行としての〈一致〉〈無条件の肯定的配慮〉〈共感的理解〉というセラピストの"三条件"は、それぞれ対人援助の「基本」として、おそらくアプローチを問わず重要であろう。そして、クライエント中心療法とは、これらの態度をセラピストが、クライエントとの「今ここ」での「ひととひとの出会い」において徹底することにより、一致が増大し、実現傾向が発揮されることによって、心理的適応を目指すアプローチである。

文 献

Rogers, C.R. (1951). *Client-centered therapy: Its current practice, implications, and theory.* Houghton Mifflin. 友田不二男(訳)(1966).『サイコセラピィ ロージャズ全集3』岩崎学術出版社、伊藤博(訳)(1967).『パースナリティ理論 ロージャズ全集8』岩崎学術出版社、保坂亨・諸富祥彦・末武康弘(訳)(2005).『クライエント中心療法 ロジャーズ主要著作集2』岩崎学術出版社.

Rogers, C.R. (1956). Client-centered therapy: a current view. In Fromm-Reichmann, F. & Moreno, J.L. (Ed.) *Progress in Psychotherapy.* Grune and Stratton. pp.199-209. 伊藤博(訳)(1967).『クライエント中心療法の最近の発展 ロージャズ全集15』岩崎学術出版社.

Rogers, C.R. (1957). The necessary and sufficient conditions of therapeutic personality change. Journal of Consulting Psychology, 21, 95-103. 伊藤博(訳)(1966).『サイコセラピィの過程 ロージャズ全集4』岩崎学術出版社.

Rogers, C.R. (1959). A theory of therapy, personality, and interpersonal relations, as developed in the client-centered framework. In Koch, S. (Ed.) *Psychology : A study of a science. Vol3.* Formulations of the person and the social context. McGraw-Hill. 184-256. 伊藤博(訳)(1967).『パースナリティ理論 ロージャズ全集8』岩崎学術出版社.

Rogers, C.R. (1966). Client-centered therapy. In Arieti, S. (Ed.) *American Handbook of Psychiatry.* Basic Book. 伊藤博(訳)(1967).『クライエント中心療法の最近の発展 ロージャズ全集15』岩崎学術出版社.

Tudor, K. & Merry, T. (2002). Dictionary of Person-Centred Psychology. Whurr. 岡村達也(監訳)、小林孝雄・羽間京子・箕浦亜子(訳)『ロジャーズ辞典』金剛出版.

フォーカシング

フォーカシングとは、心理支援に用いられる「技法」のひとつでもあり、人間が生きているなかで体験している「現象」でもある。フォーカシングは発明されたのではなく、発見されたのだと表現されるように、技法としての成立以前から、人々には現象として体験されてきたものなのである。

技法としての"フォーカシング"は、ロジャーズ〔Rogers, C.〕がシカゴ大学に在籍していた頃の多くの研究者仲間の一人であるジェンドリン〔Gendlin, E.T.〕によって開発された。哲学者でもあるジェンドリンは哲学用語から発想を得て〈体験過程 (Experiencing)〉という概念を用いている。体験過程とは「まさにこの瞬間」に「感じられるもの」であり、まだ言葉や概念になっていなくとも、「この感じ……」という表現などにより「直接的に参照 (direct reference)」できるものである。そして「豊かな意味を暗在的 (implicit) に含んだ」ものとされている。

〈体験過程〉の概念をさらに理解するためには、それを七つの段階に分けて示したクライン〔Klein, M.H.〕の体験過程スケールが役に立つ。クライエントの語り方に注目した〈体験過程〉スケールの【段階1】は、その人とは関係のない外的な出来事についての語りである。【段階2】は、その人も関わっている外的な出来事の語りであり、【段階3】では、それに対する気持ちなどの反応が限定的に語られ、さらに【段階4】では、その気持ちや個人的な体験がよく描写されるようになる。【段階5】では気持ちや体験について、仮説的で探索的な語り（「……かもしれない」「どうなんだろう」など）がみられる。【段階6】では感情が統合され、生き生きとした表現となり、【段階7】では体験そのものが確信的に語られ、展開していく。

ジェンドリンらの功績のひとつに、「カウンセリングの成否を最も

予測するのは、セラピストの態度でもクライエントが語る内容でもなく、クライエントの語り方である」という発見がある。〈体験過程〉概念を用いてこの研究を説明すると、例えば、最近の経済状況など、クライエントの考えや感情などと直接的には関係しないことで話が終始する場合は、〈体験過程〉の進んでいない段階にあり、その話をいくら続けてもカウンセリングは奏功しにくいということである。クライエント自身の考えや感情に触れた語り方がされ、歯切れが悪くなったり、言葉を探すようにゆっくりと語ったりしていると、気づきや変化が生じやすいということである。このクライエントの語り方に注目すれば、最初の2セッションでカウンセリングの成否が予測できるのである。

　この語り方の違いを教える方法もしくは〈体験過程〉を深める方法として、ジェンドリンが開発した方法が"フォーカシング"である。

　初心者にフォーカシングを教えるために示されたジェンドリンの「ショートフォーム」と呼ばれる六段階がある。以下に概略を紹介する。

① クリアリング・ア・スペース (clearing a space)：内面に注意を向けつつ、気がかりなことをいくつか挙げていく。② フェルトセンス (felt sense)：出てきたもののなかから一つを選び、その中に入り込まないようにし、体の感じに注意を向ける。③ ハンドルをつける (get a handle)：はっきりとしないフェルトセンスから言葉やイメージが出てくるようにする。④ 共鳴させる (resonate)：フェルトセンスと単語やフレーズ、イメージを共鳴させ、ピッタリくるかどうかを確かめる。どちらも変化する場合は変わるにまかせる。⑤ 尋ねる (ask)：この感じは何を求めているか、この感じの何がよくないんだろうかなどと身体に尋ねてみる。⑥ 受け取る (receive)：出てきたものがどのようなものであっても歓迎する。そしてこの段階を、またいつでも戻ってくることができるひとつのステップと捉える。

　これらのステップは分離独立した段階ではなく、緩やかに繋がっ

ているものである。また、フォーカシング自体は自己説得や自己分析ではないことにも留意してほしい。

　フォーカシングはセラピーのなかで用いられることもあり、単独でワークショップなどで実施されることもある。近年はコーネル〔Cornell, A.W.〕らによってより詳しく解説されているため参照してほしい。また、フォーカシングの使用の有無に関わらず、体験過程を進めていくことを重視したパートン〔Purton, C.〕らの〈フォーカシング指向心理療法〉〈体験過程療法〉なども、フォーカシングと関係の深い心理療法であり、いずれもパーソンセンタード・アプローチ（person-centered approach; PCA）や"人間性心理学"を代表する心理療法である。

実存的アプローチ

　「実存（Existenz）」とは、現実的にここにある存在のことを指す。対して「本質的存在」とは、個々の事物に共通のものを指す。個々の人間は、まさに独自であり他人によって代用することはできない。もちろん「人間」とひとくくりにできるということは、本質的存在としてとらえることができるからなのであるが、そうしてとらえられたものは人間一般という全く抽象的なものであり、ひとりひとりの具体性をとらえることはできない。

　この人間の「実存」というあり方を重視する心理療法の立場には、ビンスワンガー〔Binswanger, L.〕、メイ〔May, R.〕などが含まれる。精神分析や行動主義にみられる抽象化した人間理解に対して、実存としての人間理解ならびに実存的人間がもつ可能性を重視する。ここでは特

にフランクル〔Frankl, V.〕の「ロゴセラピー（Logotherapy）」をとりあげる。

「ロゴセラピー」は、フランクルによって創始された心理療法で、「実存分析」と呼ばれることもある。フランクルは、『回想録』〔1995〕のなかで、潜水競技の事故で四肢が麻痺しながらも心理学を学んでいる大学生からの手紙を紹介している。そのなかに次のような一文がある——「私は苦しみ続けてきました。しかし、この苦しみなしには、自分の成長もなかったことを、私は知っています」〔邦訳, p.179〕。

フランクル自身が体験した強制収容所のような非人間的扱いを受ける状況や、治癒が困難な病気に罹患している状況、身体を動かすことが困難な状況などに置かれて、その状況においてもなお、人間は「この苦しみなしに、自分の成長もなかった」というような態度をとることができる。フランクルは、人間存在を、心を構成している要素に還元しその要素間の力関係や機械的メカニズムによってとらえるとらえ方に反対する。人間を全体的存在として、人間の人間たる精神的次元においてとらえようとする。

フランクルは、「意味への意志」が人間において根源的だと考える——「人間がほんとうに欲しているものは、けっきょく、幸福であること自体ではなく、幸福であるための根拠だ」とする〔1977, 邦訳p.118〕。この幸福であるための根拠とは、「意味への意志にもとづいて、意味を見出してそれを成就すること」と、「汝というかたちでの他の人間存在に出会いそれを愛すること」だという。たとえば「快楽」とは、実はこれらの根拠が果たされた際の副次的なものであるのに、その副次的な「快楽」のほうを直接実現しようと欲することから、心の不調が産まれると考えることができるとする。「快楽」の実現が目的であるとするならば、その快楽を実現するための条件や能力が備わっていなければならず、それらが備わっていなければ快楽の実現は不可能ということになる。これでは、目的は能力や条件によってその実現可否が固定されてしまい、実現不可能である場合には、人間

は常に欲求不満や不全感を味わうことになってしまう。

　そうではなく、幸福であるための根拠であるところの、意味を見出すことを目指すのが〈ロゴセラピー〉である。意味が見出される価値領域として次の三つが指摘されている。

○「創造的価値」作品や仕事など、自らが活動し作り出したものによって実現する価値。
○「体験価値」美しい景色や芸術に触れて感動するなど体験することによって実現する価値。
○「態度価値」たとえ苦悩に満ちた境遇や避けることのできない境遇におかれても、その境遇に対してとる態度や心構えによって実現される価値。

　セラピーでは、「自分が人生に何を求めるかではなく、人生が自分に何を求めているのか」といった問いを投げかける実存的対話や、自分を苦しめている行動や考えをあえて積極的に意志する「逆説的志向」という手法などにより、生きる意味をクライエントが見出すことを手助けする。

　公認心理師の活動が想定されている領域として、高齢者福祉や、人生の最終段階における医療がある。ロゴセラピーは、もちろんこれらの領域のみに適用が限定されるものではないが、特にこれらの領域において、参照される可能性が高いアプローチではないだろうか。

文　献

Frakl,V.E. (1977). *Das Leiden am sinnlosen Leben.*　中村友太郎（訳）(2014).『生きがい喪失の悩み』講談社学術文庫.

Frakl,V.E. (1995). *Was nicht in meinen Buechern steht.*　山田邦男（訳）(2011).『フランクル回想録　20世紀を生きて』春秋社.

社会構成主義とナラティヴ・セラピー

「現実は社会的に構成される」——社会構成主義 (social constructionism) [▶3-24,34]（社会構築主義、社会的構築主義とも訳される）は、こう主張する。

社会構成主義は特に社会学・社会心理学の領域で発展してきた。私たちが、私たちをとりまく環境に存在する事柄や他者、また私たち自身というものについて、これが「現実」だと思っている内容や意味、あるいはその内容や意味を成立させている文脈やカテゴリー体系は、社会的な相互作用によって構成されている、と考える。

たとえば、私たちの主観的体験は、文字どおり私的なものであって、他人がうかがい知ることはできない。しかしながら、自分の主観的体験を「こういうことである」と意味づけるときに、少なくとも言語が用いられる。言語は、社会に成立しているものである。つまり、私たちが自分の主観的体験を意味づけるときに、その意味は、社会で流通している言語によって可能な意味づけに制約され、その制約のなかで意味が構成される。また、そうしていったん意味づけられた主観的体験を、他人に語ることによって、他人にも理解可能な内容に構成される。そして、他人と対話するのであれば、その他人によって、いったん構成された意味は更新され得る。

私たちの主観的体験の意味はこのように構成される。その構成された意味とは、語られた語りそのもののことであり、また語られるそのときにその時点で最終的に構成され、しかも更新に開かれている。このことはもちろん主観的体験に限らず、自分の外側にある物事や他人、自分の内側にある自己というものについても同様である。

心理的支援において、クライエントを理解する際、理解されるものはクライエントの"語り"ということになる。何らかの悩みや生き

にくさを抱えている場合、それは、社会的に構成され当人の語りによって示されるその当人にとっての「現実」が、社会の側ないし当人の側に齟齬をきたしているということになる。〈ナラティヴ・セラピー〉では、この「現実」に関して、あらたな"意味"すなわち新たな"物語"を生み出すことを、対等な共同作業者としてのセラピストとの"対話"によって目指していく。

▶1–65/3–25,86〜90

▶3–25

統合的心理療法

さまざまな理論的立場を超えて心理支援を捉えていく考え方として、"統合的心理療法"という立場ないし概念がある。その系譜は、大きくふたつに分けることができる。ひとつは、心理療法の効果検証を通して、どの心理支援がどの症状や特性に対して効果的であるのかを総合的に捉えていく立場である。もうひとつは、多種多様な心理療法に共通する因子 (common factor) を探っていく立場である。もう少し細かく分類するならば、ノークロス 〔Norcross, J.C.〕らによる四つの分類が有名である。つまり、①理論統合、②共通因子、③技法折衷、④同化的統合である。

[①理論統合]　精神分析における〈解釈〉を行動療法における〈エクスポージャー〉の機能をもつ介入として理解することなどを通して、力動的心理療法と行動療法、システム論を理論的に統合しようと試みているワクテル 〔Wachtel, P.〕などが代表的な研究者として挙げられる。理論統合の立場は、従来の理論を相互的・相補的に用いてシステマチックに統合していく立場である。

[②共通因子]　本章で述べられたロジャーズの必要十分条件も、「それが機能していれば、心理療法の種類にかかわらず、クライエントの変化をもたらす」という共通因子の仮説である。

　セラピストの態度が心理療法の効果をどの程度左右するかは、ランバート〔Lambert, M.J.〕やウォンポールド〔Wampold, B.E.〕らによってさらに詳しく検討されている。彼らは「治療同盟」「目標の共有」「共感」「肯定的配慮」「一致」など、セラピストの態度やクライエントとの関係を、セラピーの結果に関わる変数として重視している。また、クライエントの心理療法に対する期待や、クライエント自身の要因、心理療法以外の要因も、心理療法の成果にかなり関わっていることを指摘している。

　共通因子を主張する立場では一般に、「ドードー鳥判定」と呼ばれる考え方、つまり「心理療法間の違いはかなり少なく、いずれも効果がある」という考え方が採用されることが多い。心理支援法や技法の独自の効果は、かなり小さく見積もられているのである。

[③技法折衷]　心理支援法や技法を、対象者の特性や疾患・障害などによって使い分ける立場が〈技法折衷〉の考え方である。「研究の結果に応じて効果的な技法を選択する」という合理的な方法であり、古典的にはラザルス〔Lazarus, A.〕のマルチモダル療法がある。単なる技法的折衷にとどまらず、上記のような共通因子の視点もふまえた治療原則をまとめたボイトラー〔Beutler, L.E.〕らの心理療法の系統的選択 (systematic treatment selection) も有名である。

[④同化的統合]　ある立場に他の心理療法の理論や技法などを取り入れていく統合のあり方であり、かなりの数の心理支援法が挙げられる。力動論を中心としたものには、理論統合の箇所で紹介したワクテルの循環的心理力動論をはじめ、短期力動療法、加速化体験力動療法（AEDP）などが有名である。行動論を中心とした心理療法では、瞑想やマインドフルネスの概念を取り入れた弁証法的行動療法、

認知行動療法に愛着理論や交流分析など多くの心理療法を取り入れたスキーマ療法、クライエント中心療法に方向づけを加えた動機づけ面接法、クライエント中心療法とゲシュタルト療法、フォーカシングを組み合わせたエモーションフォーカスト・セラピーなどがある。

統合的心理療法をめぐっては、複数の考え方があるため、ここでは一般的と思われる理論や概念を紹介するにとどめている。比較的歴史の浅い議論であるため、決定的なものと捉えず、最新の研究動向を追っておく必要がある。

表現療法

以下、遊戯療法・箱庭療法・芸術療法などの心理支援法は、言語以外の表現形式を主として用いることから、総じて「表現療法」と呼ばれることもある。支援を要する者が、発達上・性格上の特性などによって、言語や概念では心理的な状態を表現をしにくい場合に有効、と考えられることが多い。

ただし、幼児から思春期を対象とした〈遊戯療法〉には、表現による心理療法のみならず、さまざまな意味が含まれている。

プレイルームの粘土や箱庭の砂などを感覚的に用いた遊び、指先を用いた遊び、トランポリンや平均台などを用いる粗大運動の遊びなどは、運動発達のアセスメントや支援に用いられることもある。

一方で、同じ粘土や砂を用いても、それが何らかの心理的な表現を伴う場合、葛藤や抑圧された感情などがメタファーとして表現されることもある。そのような場合には、クライエントの表現にセラピストが即座に反応し、言語・非言語的な表現を用いて、チャンネ

ル合わせやアクセプタンスを示すこと、より表現ができるように促すことが重要である。身体的・心理的に危険な遊びや暴力、暴言などに対しては、クライエントの心理的世界を保護するために「限界」を設定することも重要である。ごっこ遊びなども多義的な活動であり、クライエントの対人関係上の葛藤などが表現されることもあり、
▶1-69/4-111
SST (social skills training) のように対人スキルの獲得を支援するツールとして用いられることもある。

▶1-119,120
〈箱庭療法〉は、安全枠や刺激を用いることによって心的世界を表現させる心理支援法である。心理アセスメント的に用いられることもあるが、基本的には、それ単独で用いられることは非常に稀であり、遊戯療法のなかでおこなわれることが多い。

▶1-61/4-130
〈芸術療法〉には、描画法（バウムテスト、人物画、HTPP、風景構成法、家族画ほか）、詩や俳句などを用いた詩歌療法、ダンスや音楽を用いた支援法などがある。コラージュ療法も芸術療法に位置づけられるが、箱庭療法との類似性も指摘されている。作品は、クライエントの世界、つまりクライエント自身が表現されたものとして捉える必要があり、「うまくかけたね」などの評価的で簡易な反応ではなく、「○○の部分は赤色とオレンジ色を混ぜて描いているんだね」などと、一つひとつの表現に関心を向けて丁寧に扱うことが肝要である。

日本で誕生した心理療法

これまで見てきた各種アプローチは、西洋の思想的・哲学的系譜

や、自然科学の発展の流れのなかで、各アプローチが影響を与え合いながら発展してきたと言える。理論篇の最後に、これらの流れとは比較的独立に、わが国で誕生し発展した心理療法を紹介しよう。

〈森田療法〉は森田正馬が自宅で開いた治療実践に始まる。不快気分、病気や死を気に病むといった「ヒポコンドリー性基調」を素質としてもつ患者を、主たる治療対象として発展してきた。この素質をもつ者が、あるとき不快気分や気に病むことを実際に体験し、その後、その体験に関連する感覚に注意が集中し感覚が鋭敏になり、意識も狭窄・集中していくことで、結果、症状が増悪する、という悪循環を招く。これを「精神交互作用」と呼ぶ。

治療の方針は、この悪循環を断ち、本来もっている精神エネルギーを健康に発現することである。治療方法は、治療者が患者と生活を共にする入院式であるが、外来式もある。入院式は、2,3ヵ月、次の四期からなる。【第1期】絶対臥褥期：食事や排便以外の活動を禁止し布団に寝ている。【第2期】軽作業期：戸外に出て空気と日光に触れる。【第3期】中作業期：起きている時間は畑仕事など絶えず活動する。【第4期】退院準備期：日常生活に戻るための生活訓練。

以上を経て、自分の心身にばかり向けられていた精神エネルギー（「死の恐怖」）が、外界に向けられた「生の欲望」に転換されていくのである。

〈内観法〉は吉本伊信が、浄土真宗の「身調べ」と呼ばれる修行を、宗教色を無くし自己修養法として発展させたものである。治療効果に注目する場合に〈内観療法〉と呼ばれる。研修所に泊まり込みでおこなう集中内観を基本とするが、日常生活のなかでおこなう方法もある。

その方法は、母親をはじめとする重要な他者との関係において、

自分がどうであったかを、「していただいたこと」「して返したこと」「迷惑をかけたこと」の三つの項目に沿って、相手の視点から、実際にあった出来事を調べる（思い出す）作業からなる。集中内観では、1平方メートルほどのスペースに座り、他との交流を一切断ち、調べる相手と年代を区切りながら生まれたときから順を追って思い出す作業に集中することが求められる。1,2時間に一度訪れる指導者に、その時間に調べたことを簡潔に報告する。指導者は応答やコメントはほとんどおこなわず、引き続き次の年代について調べるように告げて去る。この作業によって、自分がいかに周りから大切にされていたか、そうであるのにいかに周りに迷惑をかけてきたか、そのように迷惑をかけていたのにもかかわらず大切にされ続けてきた、ということを、事実の思い出しの積み重ねによって実感し、我欲を捨て去った清々しい心持ちが実現される。

▶3-122/4-96
　〈臨床動作法〉は成瀬悟策らによる、脳性まひ児の動作改善を目的とした「動作訓練法」から発展した方法である。その後、発達障害児、統合失調症患者などに対して「動作訓練法」をおこなったところ、行動や精神症状など心理面に改善がみられたことから、「臨床動作法」という心理療法として適用範囲が広がった。

　その方法は、治療者からクライエントに動作課題が与えられ、クライエントはその動作の遂行を試み、治療者は適切に遂行できるよう援助する。遂行後、動作前後での、身体感覚や動作感覚を吟味する。これにより体験様式の変化が期待でき、そのことによって症状の軽減・消失や、不適行動の改善がみられることがある。

　以上の三つの心理療法は、治療機序が必ずしも明らかにされているわけではなく、実施には特別な訓練や施設・環境が必要であるものの、適切なタイミングと導入によって実施されることで、大きな

心理療法的効果を生むことがある。心理支援の方法として、知って
おくことが有効であろう。

●現場への眼差 ....

☐ クライエント中心〜、力動論〜、行動論・認知論〜、三つの立場の違いのポイント
は？

☐ セラピストの態度「三条件」はなぜ対人援助の基本で、重要なものとされるのでし
ょうか？。

☐ ヒューマニスティックな視点の心理療法は、各々どのような現場で活用できそうで
しょう？

心理支援
実践篇

第 1 章

保健医療分野

事 例

永田 忍

(1)事例の概要

[症 例] 50代女性 Aさん。

[主 訴] 外出することが怖い。

[雇用・学業の状況] 高校卒業後、生命保険会社に勤務（3年前から休職中）。

[主診断] パニック症（併存疾患：大うつ病性障害）。

[生活歴および現病歴] X-3年頃から仕事中にめまい。次第に手足の震えや痺れが出現し起床困難となる。その後、心療内科を受診。甲状腺異常が見つかり、大学病院の精密検査で癌が見つかり全摘手術を受けた。以後、症状不変のため、主治医の紹介でX年9月から筆者の所属機関で遠隔認知行動療法を受けることとなった。

[家 族] 夫（60代 会社員）、息子（20代 大学生）との三人暮らし。

[治療歴] X-3年4月から、パニック症の診断でT大学医学部附属病院にて▶1-44 薬物療法を継続中〔デプロメール75mg：1錠：朝・夕食後、エチゾラム0.5mg：必要時4時間あけて内服、ルネスタ2mg：1日1回1錠：就寝前〕。セッション中、処方変更はなかった。

(2)支援の方針

関・清水[2016]が作成したパニック症のCBTマニュアルを遠隔CBT用にフォーマットし、テレビ会議システムを用いて毎週1回（50分）で16回実施した（テレビ会議システムはCisco社のWebEx®を使用し、Aさんに自宅で使用するタブレットPCを貸与し、筆者はノートPCを用いておこなった）。実施前後の症状評価は、PHQ-9（うつ症状）、GAD-7（全般性不安症状）、PDSS-SR（パニック症状）を実施した。

(3)支援の経過

　#1はアセスメント、#2はパニック症とCBTの心理教育[▶vol.4]、不安階層表の作成（100: 職場、80: 電車、70: 買い物、50: 食事作り、20: 入浴、10: 洗顔）、目標設定（短期: 食事作り、中期: 大好きな野球観戦に行く、長期: 会社に復帰する）をおこなった。

　#3はケース概念図を作成した。Aさんは『買い物中に動悸と過呼吸が起きる』場面で『意識を失い、倒れる』[▶4-48]という自動思考が生じ、『脳梗塞になる』という破局的イメージをしていた。このイメージのなか、身体に注意を向けると『動悸、めまい、過呼吸が悪化する』ため、『外出しない』という安全行動をしていた。この図からAさんは身体症状に過度な注意が向き、安全行動をとることが症状維持の悪循環であると理解した。

　#4は二つの課題をホームワーク〔以下HW〕で実践した。課題1は、安全行動をしながら身体感覚に注目する（夫の帰宅時に軽い動悸がしたら、身体感覚に注目する）、課題2は、安全行動をせず、身体感覚以外の外部感覚に注目する（夫の帰宅時に軽い動悸がしても、夫のお土産は何か？　に集中する）、であった。実施後の振り返りでAさんは「課題1は動悸と頭重感が出たけど、課題2は不安感は出たけど、身体の変化は特になかった」と語り、身体感覚への過度な注意と安全行動が不安を高めることを理解した。

　#5は破局的な身体感覚イメージの再構成をおこなった。Aさんは『症状は治らない』という破局的イメージが強かったが、根拠と反証を検討し『症状が続いているけど（根拠）、今は心身の機能がかみ合っていない状態だから（現実のイメージ）、まずは症状との付き合い方を身につけよう（反証）』と症状のイメージを再構成した。

　#6は注意（をシフトする）トレーニングをおこなった。ここでは以下の課題を実施した。課題1は注意を外部に向ける練習（目を閉じて家の中で聞こえる音に注意を集中する）、課題2は身体感覚と外部情報に交

互に注意をシフトさせる練習（目を閉じて家の中で聞こえる音に注意を集中し、その後、自分の呼吸に注意を向ける）、課題3はパニック症状をイメージしながら、身体感覚と外部情報に交互に注意をシフトさせる練習（洗顔の時、耳に入る音と自分の呼吸に注意を交互にシフトする）、であった。実施後、Aさんは『呼吸ばかり意識していた今までよりは少し楽だった』と語った。

#7から#11は行動実験をおこなった。主な実験は過呼吸の疑似体験（セラピストと一緒に強い呼吸を30秒続け、その後、何秒呼吸を止めていられるか実験する。大抵、クライエントは3秒も止められないと予想するが、実際は数十秒止められることを体験し、過呼吸時に焦って息を吸う必要がないと理解する）であった。

#12は症状の身体感覚と結びつく破局的な初期記憶の書き直しをおこなった。Aさんに破局的なイメージと初期記憶を尋ねたところ、『入社時に電車の中でよく倒れていた。息ができなくなって死ぬのかも、と毎回思っていた』と語った。次に、その出来事を今起こっているかのように話すよう伝えたところ『大学進学を父に許可されずとても辛かった。でも生きるために退職は考えずに頑張っていた』と語った。その記憶の意味を尋ねたところ『生きる道は一本だと考えていた。過呼吸で倒れても自分は一本道を歩み続けなければならないと考えて生きてきた』と語った。次に、今それを改めて考えるとどのようなことが言えるか、と尋ねたところ『一本道を歩み続けなくてもいい。いろんな道がある』と語った。この回は初期記憶を再構成する（パニック症は死に至る疾患ではない、とイメージと記憶を再構成する）ことが目的だったが、より本質的な生き方に関するAさんの信念が明らかとなり、それは再構成する結果となった。

#13はAさんが前回と今回の間に夫との旅行にトライしたことについて検討した。旅行前に『持ち物と行程の確認を何度も繰り返す』ことで、持ち物が軽くなり、行程もわかり少し気分が楽になった気

がしたが、何度も確認することで逆に不安が増したと語った。旅行後は『あの時ああすればよかった、と一人反省会をした』ことで、次の旅行で反省を活かせると思ったが、自分の悪い面ばかりが見えて精神的につらくなる方が大きかった、と振り返り、『今後は旅行前の確認は一回、旅行後の反省会は5分だけにする』と語った。Aさんは出来事の前後の行動が症状維持因子であることを理解した。

#14は破局的な予測に対する他者の解釈の検討（世論調査）をおこなった。Aさんは『電車で過呼吸を起こしている人についてどう思いますか？』という質問を作成し、夫、息子に質問したところ、夫からは『心配はするけど、迷惑とは思わない』、息子からは『電車内で過呼吸でつらそうな男性を支えた際、大変だなぁとしか思わなかった』という回答を得た。Aさんは、予想に反して、他者は症状を否定的に見ないことを理解した。

#15はパニック症に対する否定的信念が残っていないか検討した。Aさんは、CBTを受ける前の信念は『めまいがすると倒れて死んでしまう』であったが、今は『時間はかかるが、そのうちおさまる』に変化したと語った。

▶3-66/4-31,73

#16は再発予防について検討した。遠隔CBTの感想を尋ねたところ、『もし病院に毎回行く形だったら、途中であきらめていたと思う。でも、遠隔CBTだとセラピストが迎えに来てくれる。だから続けてこられたのだと思う』と語った。次にCBTを受けた前後の変化を尋ねたところ、『受ける前は1日に数回は過呼吸、めまい、気分の落ち込みなどが出ていた。でも、今はそういうことがほとんどない』『人ごみに行けるようになったけど、まだ苦手で症状は出ると思うが、必ずおさまっていくことは理解した。だから、少しずつ外出の練習をしていこうと思う』と語った。

PHQ-9は12点（中等度）から8点（軽度）、GAD-7は16点（重度）から4点（正常域）、PDSS-SRは20点から14点（8点以上はパニック症の存在

を示唆）に変化。短期・中期目標は達成。長期目標は『生き方は一本道じゃないからゆっくり考える』と語った。

(4)事例をふりかえって

　遠隔CBTは、症状が重いために外出困難となっているパニック症患者が治療を受けるための有効なツールである。また、今回のセッションでは、#12で生き方に関する信念の再構成を検討できたことが症状改善につながったのではないだろうか。このような場面でパニック症状に関する初期記憶の書き直しに固執することなく、今後のAさんが生きやすくなるためには何を話し合うことが重要かを考え、柔軟に対応できることが心理職に必要なスキルと思われる。

文　献

関陽一・清水栄司 (2016).「パニック障害(パニック症)の認知行動療法マニュアル」
　　不安症研究(特別号)94-154.

力動論からのコメント

山科 満

　一見、極めてうまくいったセラピーのようである。何より、Aさんが外出が困難という状況においては、このようなツールを使った介入は理に適っている。セラピーでは悪循環を形成している認知と行動に焦点が当てられ、その結果、症状が軽減し、夫と旅行に行けるまでになるなど、Aさんの生活の質は著しく改善した。

　しかし、読んでいてどこか釈然としない。どのようなオリエンテ

ーションのセラピーであっても、3年前の休職直前の仕事状況や、面接経過で出てきた初発エピソードの状況やその背景については、固執する必要は無くとも、関心を払うものではないだろうか。

(1)目に見えない病理を想像する意味

3年前の発症のきっかけは、職場での何らかのエピソードないし状況であり、不安階層表でも職場が頂点であった。そのことはセラピーでは触れられないまま、復職に拘らないというかたちで決着がつけられている。それについてセラピストは「Aさんが硬直化していた信念を捨てて新しい生き方に踏み出した」という理解をしているようであるが、はたしてそうだろうか。Aさんは「戻れるが戻らなくともよい」という真の自由を獲得したわけではなく、何か本質的なことが抜け落ちている気がしてならない。

Aさんは「入社時に電車の中でよく倒れていた」とのことであり、父親に強く反対され大学に進学できずに就職したことがその背景にあるらしい。発症が18歳というのは、平均的なパニック障害の発症年齢（20代後半）より早く、このことからは、双極性障害の前駆症状の可能性や（長年の経過のなかで軽躁エピソードの存在は確かに否定できるのか）、深い神経症的葛藤の存在などを検討する必要があるといえる。

加えて「倒れた」というのはヒステリー的な要素を示唆しており、であれば何らかの無意識の葛藤が発症に関与している可能性をいっそう考えるべき、ということになる。その葛藤は、進路選択を巡る父親とのやりとりと、3年前の職場内での何らかのイベントないし状況にも通底するものだろう。加えて、現在の家族関係とも何らかの繋がりがあるのかもしれない。家族関係とは別次元のところで、「注目されること」にまつわる葛藤が関与している可能性もある。

また、Ａさんの破局的イメージが「癌の再発」ではなく「脳梗塞」であることにも注目したい。甲状腺癌の予後は良好な場合が多いが、それでもこの状況であれば、通常は脳梗塞よりも癌の再発を心配するものではないだろうか。言い換えれば、甲状腺癌を冷静に受け止めていられるのは、ここには神経症的な葛藤が及んでいないということを意味し、他方「脳梗塞」に拘るに至った神経症的なヒストリーがどこかにあるものと推測される。父親はＡさんが就職する前後に脳梗塞を発症したりしていないだろうか。

　Ａさんは「一本道を歩み続けなければならない」と自身に言い聞かせることで長年何かを防衛してきたものと思われる。防衛されなければならなかったものの本質が怒りなのか欲望なのか不安なのかは、まったくわからない。防衛を手放すことでどういう影響が生じるのかは、何とも言えない。無意識の葛藤がすでに解消された後にも、防衛様式だけが形骸化して残存していることがあり、その場合クライエントは、介入の結果こちらが拍子抜けするほどあっさりと防衛を手放すことがある。本事例もそれに該当するのかもしれない。

　現段階では、本事例の介入技法は最善の選択肢であったように思われる。むしろ、力動的なオリエンテーションのセラピストであっても、保健医療分野において精神科医と連携する公認心理師としては、まずは症状とそれを巡る悪循環に注目し、認知的なアプローチをとるべきであろう。精神分析を信奉するあまり、自身が拠って立つ理論に基づいて強引な解釈をすることこそ、セラピストとしては最も強く自戒せねばならないことである。

　このセラピーの成果については、時間を置いて判断すべきであり、未解決の問題の存在がより強く示唆される状況（改善の停滞や後戻り）があれば、力動的な観点から病理の再検討をするべきと思われる。

行動論からのコメント

竹田伸也

(1)相手をその気にさせるお膳立て——アセスメントと心理教育

　パニック症など不安を背景とした問題では、本事例のように本人のふるまい方が不安を強めていることが多い。そのため、問題を解決するためには、"過呼吸を疑似体験させた"ように、クライエントにとってできればチャレンジしたくない課題に向き合うことも必要となる。そこで求められるのが「本人の納得」である。「してみよう」という行動への動機づけは、「それをする必要がある」ことへの本人の納得を前提とするからである（納得できない嫌なことなど、誰もしようとは思わない）。そのため支援の初期段階では、現在の問題がなぜ続いているかをクライエントに理解してもらわなければならない。いわゆる心理教育といわれる作業であり、本事例では#1から#3がそれに対応している。症状が続くカラクリがわかり、それが自分のふるまいによってコントロールできると思えれば、その後に続くさまざまなチャレンジに向け、クライエントはその気になり始める。

　とはいえ、症状に長く苦しめられてきたクライエントにとって、行動を変えるのは容易なことではない。そのため、クライエントに求める「初回」の課題は、何としても成功させなければならない。不安症状は、決して制御不可能なチカラによるものではなく、手品のようにタネがあることを理解してもらうのである。それが、#4にあたる。ここで扱ったHWによって、Aは「どうふるまうかによって、その後の不安症状は違ってくる」ことに身をもって気づくことになる。もし、HWの途中で注意が身体感覚に引き戻されてしまい、

その段階でフリーズ（安全行動）していたら、「不安症状が出たら、安全行動をとらなければならない」という思い込みは、より強められたに違いない。HWの成功によって得た気づきが、回復に向けてAを「よりその気にさせた」のである。

(2)どのルートを通って目的地に向かうか——支援の展開

　パニック症は、「これまで避けてきた苦手場面に直面すると、不安は勢いよく強まるものの、その場を離れず踏みとどまると、不安はそのうち自然と弱まっていく」ことを、身をもって納得するアプローチが用いられることが多い。こうした体験によって、自分を守ってくれていると信じていた「安全行動」が、正義の味方ではなく実は自分を苦しめる「悪の親玉」だったと気づくのである。

　しかし、本事例ではそうしたアプローチがメインに用いられることはなく、身体感覚に向かいやすい注意を外部情報に向けるトレーニングをおこなったり、過呼吸の疑似体験や身体感覚に伴う認知変容をおこなったりと、"身体感覚"に焦点をあてた支援が中心となる。現病歴を見ると、Aの休職のきっかけとなった身体症状は、甲状腺異常（記述からは甲状腺癌であろうか）によるものだった。このエピソードから、身体症状を破局的に解釈する蓋然性は高くなったであろうし、それゆえ通常のパニック症患者よりも身体感覚に注目しやすかったとも考えられる。そうしたことから、身体感覚と距離をとることの意味を理解させようとした支援の展開には、「なるほど」と思わせるものがある。

　一方で、苦手な場面に曝露する介入を併せておこなっていたら、その後の展開はまた違っていたように思う。アセスメントからは、苦手な場面を避ける安全行動が症状を維持させていたと理解できていることから、「避けなくても大丈夫」ということを頭だけでなく体

で納得することができれば、もっと早くパニック症に伴う苦痛から解放されたのではないだろうか。問題解決へと向かう道は、さまざまである。心理師が考えなければならないことは、どのルートを通ると目的地に向かう最短距離となるかである。そのため、クライエントとの協力のもと、アセスメントに基づき、どのような支援方針を立てるかが極めて重要になる。

(3)クライエントの望む物語を紡げるか──今後の展開に向けて

本事例では"会社に復帰する"という長期目標には到達していない。しかしAは「生き方は一本道じゃないからゆっくり考える」と述べている。これを"生き方に関する信念の再構成"と理解するか、最も強い不安場面からの回避と理解するかは難しいところである。

Aは、高校卒業後30年余り現在の会社に勤務してきた。家庭と仕事の両立をこなしてきたAにとって、現在の会社で働くことは、「私の物語」を構成するとても重要な役割を担っていたのではないだろうか。仕事中に生じためまいに始まるさまざまな症状が、甲状腺異常に由来するものであれば、これまで勤めあげてきた会社をこのような形でリタイアすることは、Aにとって本意であろうか。

心理臨床で大切なことは、「相手が望む適応の在り方」の支援である。だとすれば、Aの真の希望を理解することが、今後の展開を方向づける道しるべとなろう。

なお、このコメントでは、私は専門用語を一語も用いていない。認知行動論を用いた支援の展開は、このように身近な言葉で説明できるからこそ、臨床的な妥当性が高く、支援内容のわかりやすさからクライエントとの協力関係が深まることも強みである。

その他の視点からのコメント

田村隆一

(1)やりとりの瞬間の変化と体験の複雑性——ミクロの時間軸

　認知行動療法的なアプローチの事例では、「何をおこなったか」が中心に記載される。紙面の限られたなかではやむを得ないが、臨床のなかでは「どのようにおこなったか」と「何がその瞬間に生じたか」も重要である。ある課題を提案した時に、単に提案しただけではうまくいくはずがない。クライエントに何らかの期待が生じないと課題が実行できない。それを短時間でどう実現したのかは詳しく書かれていないが、これが可能であったのは心理師の高いスキルの結果であろう。実際には、期待に不安や疑問が入り交じった状態であることが多いと思われる。逆に過度な期待を持っている場合は、心理師に同意し、治療契約・治療同盟が成立しているように見えるのに、ドロップアウトしてしまう危険も出てくる。

　このような作業は、数秒から数十秒という時間のなかで繰り返し生じるやりとりの積み重ねである。フォーカシング指向心理療法の立場から見ると、心理師とのやりとりのなかで、まだ十分言葉にならないあいまいな感覚（フェルトセンス）を常に確認することが役に立つ。《○○をやってみますか?》と心理師が提案した瞬間に、クライエントのフェルトセンスがどのように変化しているか——クライエントが『やってみます』と表現したとしても、その素となっているフェルトセンスは無限の多様性をもつ。『やってみます』と答えた瞬間にもフェルトセンスは変化する。同意したことによって新たに不安が生じたりする。重要なのは、「同意」「納得」「不安」「疑問」といった内容があるわけではなく、それらが未分化な状態で一体と

なっているということに心理師が気づいているかである。この複雑性を葛藤としてクライエント自身が意識しているとも限らない。

　何らかのワークをその場で実施した場合も、その体験に対して複雑な感覚をもつことが自然であって、「思ったほど不安にならなかった」というような単純なものではない。よい体験と戸惑いが同時に、あるいは悲しみと自分へのいとおしさが一体となる感覚が生じるといったことは多い。体験的ステップ (experiential step) が生じた時、不安や恐怖のような避けたい感覚が、しみじみとした悲しみとして自分の中で大事な意味のある全体に変化したりする。体験の複雑性と一体性に対する認識が支援の質を高めると思われる。

(2)症状、意味づけとケース全体の構造──マクロの時間軸

　パニック症のクライエントに対する心理学的支援では、ある程度不安が落ち着いてパニック発作があまり生じなくなった後に、過去のことがテーマとなって人生を見直す話題が出ることは多い。そのような話題が続いている時にも予期不安はあるのだが、それほど気にならない状態になることは、臨床的にはしばしば経験する。症状のコントロールが第一段階、症状の意味や今後の生き方に関するテーマが第二段階だとすれば、クライエントが何を求めているのかを確認することは有益である。クライエントが不安を主訴に来談しているのであれば、その症状を最初の目標にすることは当然であるが、第二段階の部分は、どこで誰が扱うのかである。本事例では#12でこの部分が扱われ始めている。

　癌の手術を受けたことは、死に対する恐怖や将来に対する不安が関係してくることは容易に想像されることであるが、一般的な反応としての不安ではなく、このクライエントにしかないような、人生に対するパーソナルな意味づけにも注意を払うことは、クライエント理解において不可欠なものである。癌は以前に比べれば治療法が

進んできているものの、多くの人にとってはやはり死を直接的に意識させる大病である。いかに生きるか、いかに死に向き合うかは、カウンセリングの王道のテーマである。

　このテーマをカウンセリングの場で継続して扱うかどうかは、あくまでクライエントの希望によるべきであるが、人によってはそのようなことを語る場ではないと誤解している人も存在するし、自分よりも若い心理師にこのようなことを話すことができるのかと躊躇する人もいる。必要に応じて心理師側から提案することも考えてよい。パニック症の治療プログラムを中断または後回しにして、支援の目標を変更することもあり得る。

(3)遠隔カウンセリングという手法の有用性

　遠隔カウンセリングでは、たとえ音声が明瞭で画像が高精細であっても、そこから伝わる情報は対面とは比べ物にならないくらい少なく感じるものである。微妙な表情の変化や、わずかなからだのこわばりなどを感じ取ることは難しくなる。この制約は、クライエント側が直面化の程度をコントロールしやすいという長所にもなる。クライエントにとって作業の負荷が大きい場合、マイクから少し口を離したり、心理師の映った画面をモノとして扱ったりすることで、生身の人間が目の前にいるという負担を減らすことができる。心理師の側からすれば、限られた情報のなかで多くのものを感じ取ろうとすることは、自身のフェルトセンスを重視し、支援のなかで素材として活用することになる。それは心理師自身の内的テーマに目を向け、自分自身の理解と成長につながるものでもある。

第2章

福祉分野

事 例

真澄 徹

(1) 事例の概要

　20代男性のAは「人とのコミュニケーションをとるのがうまくいかない」のを主訴に筆者〔以下Th〕の勤務するひきこもり支援施設〔以下H施設〕に父と来所した。臨床像は、大柄で身長180cm、体重は90kg近い。話す時は俯き自信がなく、あまり面接中には視線は合わさない。内省し熟考して話すがまとまらない時もある。

　父60代（企業退職後再雇用で勤務）の二人暮らし。X-8年に両親離婚。理由は母に男性関係ができたこと。母は再婚し弟（Aより-6歳）と妹（Aより-8歳）と同居。離婚の際に父が弁護士に相談し、区役所のソーシャルワーカーを紹介され、X年3/29に父がH施設長と面接。ThがX年4/10に父と面接。面接は公的機関のため無料、週1回50分。

　Aの弟は、就学前から先天性の疾患によるハンディを持ち、母は通院等のケアに付きっ切り。一方父は、兄であることをAに強い、Aは自分の気持ちを次第に言えなくなっていった。小学校でのいじめを機に教師にも不信を抱く。自分の居場所を求め私立中学校に進学。Aは母に甘えられず、学校でも傷つき、次第に中学校でも欠席が増える。また中学校でも他の子をかばう立ち位置になり、いじめにあう。私立高校のサポート校に入学。高校生の時にはJ-POPを一人自室で聞き、動画を見たり友達とカラオケに行ったりしていた。自分の世界を持ち、比較的ポピュラーなことがらで人と体験を共有できた。X-7年デザイン系専門学校に入学し、同年9月中退。X-6年9月〜X-5年3月、パン屋でバイトをしたが、母と同年齢の人たちが、人の悪口や陰口を言うのが嫌でやめた。

(2)見立てと方針

病態水準は神経症水準にある。人を信頼できない、コミュニケーションがとれないと語るが、相手がどう思うかを読んでしまい疑心暗鬼になっているのではとThは理解した。現実的な就職等については面接が安心できるようになってから取り組むのがよいだろうと方針をたてた。

(3)支援の経過

[第1期　見捨てられた傷つき [♯2-♯5]]

♯2　母が男性と関係を持ち、両親はAが高校1年の時に離婚。その男性にAは首を絞められ殴られた。携帯電話に嫌がらせの電話やメールもあった。

♯4『母や先生を信頼した自分が悪かった。相手は自分が信頼されていると思っていないのに、自分が勝手に信頼したのが悪かった。人を信頼できない』──《私だったら相手に対してなんでだと言ったり、ぶつけたくなるが?》──『家の壁にはたくさん穴が空いている。捨てられた父と自分が悪いと思う。母のことは恨んでいる』。

[第2期　家族への思いと身体化 [♯6-♯17]]

♯6で『一人でいると寂しい感じがする。一方で人が怖い。近所の人に自分がいないと思われるように過ごしている』。

♯13　『胃が痛み、みぞおちの辺りに何か悪い空気が溜まっているような感じがあって、吐き出したくなる』──《痛むのも理由があると思うが、こんなことを訴えているのではということは?》──『小中高と家族がバラバラであったからだと思う。母が自分を見捨てて、支えだった弟とも一緒に住めなくなって嫌いな父と住む。そうして10年もこういうふうになってしまった。何かやらないといけないと思っていたが自分にはできないだろうし、ネガティブになっ

て悪循環。お金が底をついた』。Thは施設の利用者向けに用意された事務補助のアルバイトを提案するとやってみたいと話す。

[第3期　アルバイト体験と「目に毒」][#18-#28]

#25　アルバイト終了し来所。右目が赤く充血。『外に出て普通の平均的な人を見ると幸せそうだなと羨ましく思う。そういう人を見ると自分にとって目に毒だと思う。自分は異常、平均的ではないのはすごく嫌だ。自分はもう幸せにはなれないと思う』──《Aは何を幸せと思っている?》──『働いていたり家族がいたり、その人からしたら決して幸せとは言えないのかもしれないが、そういうことですね。中学生の時に自分が母に父と別れてほしいといったが、高校生の時に「あなたが『別れて』といったから別れたのよ」と言い母は出ていった。だから、自分が話すのがとても慎重になる。人と話した後でも何であんなこと言ったんだろうとよく後悔する』。

　　#28　『ちゃんと働くとかそういうことを考えてここに来ていないので、そんな話に付き合わせてしまっていいのかなと思って』と自嘲気味に語る。《ここはいいことを話す場所ではない》と伝えたうえで、ハローワークへの同行も提案する。『次の時までには気持ちをはっきりとさせます』と、やや無理に決断しようとする。

[第4期　ハローワークへの同行][#29-#36]

#29　Thがハローワークに同行し、AはPC入力業務のパート職を応募した。しかし、急な日程だったため、自分の体形にあった面接用のスーツがなく面接は取り消した。『自分には何もないし、このままこの状況が続くなら死んでしまった方が楽なんじゃないかと思う。自分は異常なのではないかと思う』──《?》──『人がなんでもないことはできないし、行動しようと思ってもできないでいる。小学校の時から、このままつらいのが続くなら死んでしまった方がいいと思っていた。自分が話していても、それを客観的に見ている自分がいて、冷めている自分がいる。それは高校生の時からで、周

囲が恋愛や陰口で喧嘩をしていて、くだらないと思った。母の離婚
を友達が話題にした時には腹がたったが、それを抑えて何も言わず
にずっと黙っていた』。

#31『もうここに来て話してもネガティブなことばかり浮かんで、
話しても辛くなるので行ってもどうかなと思って前回は休みました』
——《そうですか。ここに来てもネガティブなことばかりでね、苦
しい》。Aは小学校三、四年生のときに川で溺れた経験を語った。『泳
ぐのは得意だったが足がつったのだと思うが溺れた。あの時溺れ死
んでいたらよかった。周囲のことをよく見ないでいた自分が悪かっ
た』『母と父とが自分が小学校の時は過保護だったと思うけれど、自
分が未来に何をしたいか判断するのをしなかった。その時から間違
っていたと思う。このままの生活で父がいなくなったら自分はどう
するのか、生きていても仕方ないと思う。自分には何もない』——
《どんなものがないと思うのか?》——『仕事もそうだし何かやろう
という気持ちもない』『(アルバイトは) 金銭的には良かったが精神的
には変わらなかった。ここで話すのも最初から話しても変わらない
かなと期待はしていなかった』『話をして変わることではないと思う
し、自分ではどうしようもないと最初から諦めていた。自分が死に
たいとか言って迷惑だと思うし、そう話す自分にイライラする。い
じめも母に見捨てられたのも結局自分に責任があると思う』——《お
会いしてきて、精神的によくならないのは私に責任があります。辛
いと思うのが少しでも楽になることでお話を伺うのが私の仕事です。
ですから、迷惑だとは思わないですよ。それがうまくいっていない
と思う一方で、私がどんなことができるだろうかを思いながらいま
した》——『母の相手の男性がネガティブなこと、死んでやるとか
口走る人だったので自分がそう話しているのがイライラするんです。
ただ、話して聴いてもらい少しはましかな』。

#32　Aは先週よりは気分は少しいいかなと話し始める。『母は人

間的に嫌いだし、いっそのこと死んでしまえばいいと思った』『高校の時に母の相手の男性から殴られた時も冷めた目で母は見ていたし、母という存在は欲しかったけど人間としては嫌いだし殺したいと思った。だけどそんなことをしても何もならないと思って何もしなかった』。

#33 父と最初暮らし始めた時、食事をしたが会話はなくただ食べるだけだった。父はAと関係を修復しようとしていたようだが、Aも緊張し何を話していいかわからず、くつろげない感じだった。

[第5期 社会体験への参加とそのいきづまり [#37-#41]]

施設の利用者への支援として準備した事務所の仕事に参加しようとするも、挫折。また福祉制度を利用した生活を説明するが拒否。

[第6期 夏の暑さから熱中症⇒体調不良、友達からのアルバイト紹介 [#42-#52]]

#42 夏の暑さから熱中症と体調不良になる。

#52 高校生の時の友達からwebデザインの広告やHPの更新をする仕事を紹介され、面接を受け採用となった。3ヵ月後、AにThから電話をすると、試用期間を終え契約も更新したとのこと。Thとの面接は終結となった。

(4)事例をふりかえって

▶4-100〜105　　　　　　　　▶4-101

ひきこもり支援の現場では、本人の意思に沿って、居場所でのグループワークや就労体験、アルバイト活動、といった全体のケースワークがあった上で、心理面接が意味あるものとなる。クライエントとの関係性をいかに繋ぐかにThは必死であった。振り返ると愛着関係に躓いたAの傷つきに対して、もう一歩早い段階で丁寧なケアが必要だったと思う。

力動論からのコメント

工藤晋平

　どのような分野であれ、力動的な観点をとるということは、問題や症状を「心の痛みとその防衛」という観点から捉えることを意味している。その"心の痛み"は、乳幼児期に深く根ざしたものであり、しばしば依存を損なうものである。それらは無意識的なものであるが、支援関係が意味のあるものとなればなるほどに、支援の場へと展開する（転移する）。

　その理解をどのような支援として具体化するかは、現場の要請とその支援者の選択によるだろうが、福祉の場であれば、大きくふたつの方向性があるように思う。

　ひとつは、"心の痛み"が和らぎ、そのために防衛がかつてほど必要とされず、その結果、社会にあるリソースを頼りながらその人の安寧が深まる方向で、これはより「治療的」あるいは「成長的」なものであるだろう。

　もうひとつは、"心の痛み"までは到達せず、むしろその人が身に付けてきた〈防衛〉に沿ったかたちで、社会にあるリソースを使いながら適応の水準を上げる方向で、これは「自我支持的」といわれるものとなるだろう。どちらに進むかは、支援者の傾向や選択と、なにより被支援者の心の自律的な展開による。

　本事例の場合には、どうやら前者であったように思える。事例を振り返り、力動的な支援のあり方についてコメントしたい。

　"心の痛み"ということに関して、この人には母親に関わる傷つきがありそうであるが、どうやらかつてこの人は、母親に父親と別れ

ることを求めたようである。ところが、母親はこの人を置いて出て
いった。ということは、母親に捨てられたという点でこの人は、自
分のことを「父親のように大事な人に嫌われる存在だ」と見なして
いるだろう。しかもそれを引き起こしたのは自分である。そのため
に罪悪感を覚え、二重に自己嫌悪が生じているとも推測できる。し
かし、私たちからすると、この人を置いて出ていく、『あなたがいっ
たから別れた』と言う、母親の振る舞いのために、この人が自分を
嫌うようになったようにも思える。そのため、この自己嫌悪は「押
し付けられた自己嫌悪」とでも言えそうである。

　つまり、この人の心のなかには、①自分を嫌う母親と、母親に嫌
われる自分がいて（心の痛み）、②この母親に同一化して、自分が無
価値だと思い、自分を嫌い、罪悪感を覚え、無力になる自分がいて
（防衛）、③これに対するさらなる防衛として「慎重になる」「外界か
ら身を引く」という構造がありそうである。このことは、どこをと
っても、他者をあてにし依存することを難しくする（経験的には、乳
幼児期に根ざした何かがあると思うが、そこまではわからないことも、現実の
支援ではしばしばだと思う）。

　治療的には、「自分を嫌悪していたのは母親であって、自分ではな
いのだ」というかたちで自分を解放し、他者への依存が可能になる
ことが求められるだろうが、そうなるかは成り行き次第といえる。

　これに関して、#28はひとつの転機であったように思える。ここ
でこの人は、前向きに働くことの話をしていない自分に支援者を付
き合わせていると、自嘲気味に語る。これが自己嫌悪の現われであ
るだろう。つまり、ここから転移的な関係が深まっているようであ
る。支援者は《いいことを話す場》ではない、と自己嫌悪するこの
人をフォローするが、同時にハローワークへの同行も提案している。
それは、前向きになることを（つまり今のこの人では良くないことを）伝

えるメッセージになっていたかもしれない。次回、自分の体形にあったスーツがないというかたちで、つまり「支援が自分に合わない」というかたちで抵抗をする。これはある意味では「自分に合わないものを合わないと言える」健康な側面であるのが、その抵抗が支援者に読み取られなかったこと、この人も自己嫌悪の方向へと進んだことで、その後、希望のない話が続いてしまう。

しかし、#31でこの人が『自分に責任があると思う』と言った時に、支援者は《私に責任がある》というかたちで、この人の罪悪感を和らげた。そのことが罪悪感や自己嫌悪も和らげることになったのだと思うが、いくらか気分が和らいだことについて言及がなされる。そして「母親が本当に嫌いだった」という、依存のできなかった痛みに触れる話が始まる。

けれども #33で、父親が関係を修復しようとしたが本人はくつろげなかったことを、つまり、（本来の依存対象ではないもののその代理となる）支援者が関係を修復しようとしたがくつろげていないことを語り、依存をめぐる葛藤の転移された支援関係から遠ざかるように、働くことへと動き、最終的には支援関係の外で、仕事と結びついたようである。

このように支援の経過としては、本質的に治療的・成長的な方向へ、つまりこの人の心の痛みとその防衛のありようが支援関係へと転移する方向へ進みながら、最終的には支援の手を離れる流れであったように見える。

とはいえ、支援にまったく意味がなかったかといえばそのようなことはなく、特に責任をめぐるやりとりは、この人の他者への恐れをずいぶん軽減したのではないかと思う。そうとはこの人に自覚されていないかもしれないが、最終的に人を頼って仕事を見つけられたことを、支援経過のなかでの依存の回復として理解することもで

きそうである。

　力動的な視点とは、以上のように、支援において語られたことと支援関係そのものの両方から、「心の痛みとその防衛」を読み取るもので、福祉的支援においては、それが支援関係に転移するようであればそのように、そうでなければ自我支持的に取り扱うことになるだろう。そのための訓練が必要ではあるが、これができると、出来事を複層的に捉えられ、支援に深みがもたらされ、人の"心の深み"に開かれるのが魅力であるともいえるだろう。

行動論からのコメント

井上雅彦

　ひきこもり支援施設のなかでの心理相談の事例である。本事例の筆者も述べているように、多職種が関与し、全体のケースワークのなかでおこなわれる心理支援の場合、組織全体としての支援計画や、支援目標に沿った心理支援の役割と連携が求められる。

　本事例の筆者は、主訴と生育歴の関係から、Clのコミュニケーションの苦手さの背景に愛着の問題があると見立て、Clと心理師との信頼関係の構築を基盤に、人への信頼の回復を図り、職業生活の適応へと導こうと考えたのではないかと推察する。

　人への信頼関係やコミュニケーションの問題の解決から就職面接へという見立ては、本施設での全体の支援目標に沿ったものであったか、を再考する必要があるかもしれない。終結前にClが就職した

webデザインの仕事のように、就労支援の現場でのジョブマッチングは、基本的にそのClの特性に合った職場、つまり本事例ではコミュニケーションの苦手な人でも働ける職場という観点からなされる。したがって、全体の支援方針としては、Clの過去の体験の整理や人との信頼関係の回復からコミュニケーションの自信の回復、そして面接という流れではなく、Clの強みに対する自信の回復と、弱みに対する環境調整を基盤とした自己理解を促進するための支援をベースにして、安心できる生活の実現の中で人との信頼関係の回復を図るという方針も考えられるのではないだろうか。

チーム支援の現場ではClの危機にいち早く気づき、場合によってはそれをチームに提言するのも、心理師の役割のひとつである。例えば「病態水準が神経症水準」とあるので、もしClの重篤度が高く、心理師の方針どおりの実施が必要ならば、病態水準のアセスメント情報をチームのなかで共有し説明することが必要となるであろう。

他職種が心理師に求める役割のひとつは、心理アセスメントに関する専門性である。「面接が安心して取り組めるようになってから」という心理師の見立てをClと他職種に説明するためには、その根拠となるわかりやすいアセスメント情報の提示と説明が必要となるであろう。このような治療方針に対するインフォームドコンセントは、Clの協力を引き出し、チームで連携するために重要であると考える。

次に、本事例において「愛着」の問題を支援方針の中核に据えることの妥当性について考察してみたい。主訴であるコミュニケーションの苦手さとひきこもり状態の背景要因として、過去体験としての母親との愛着関係の希薄さなどが存在するとしても、短期の心理支援の場合、それを主軸にすることには再考の余地があるかもしれない。Clの発言から、母親の男性からの暴力行為、父親との関係、学校での対人関係など、面接のなかで多くのネガティブな出来事が

関連して想起され、自分の現在の行動がうまくいかないことの理由の原因探しになっているように思える。

Clの過去体験の告白に対する傾聴は、心理師として相談の基本であり、それに基づいて関係構築していくことは当然である。しかし、Clにとって過去の体験に現在の行動の原因を求める行動は、時として現在の状況に直面することを回避する機能となりやすい。そのため行動論的アプローチでは、過去の出来事にとらわれてしまう自らの行動の回避機能にCl自らが気づき、現実の苦痛や不安のアクセプタンスを援助し、現実の生活のなかでの人生の喜びや価値を共に見つけていく作業をおこなう。本事例からは離れるかもしれないが、現在の行動の原因を過去の体験に求めることは、解釈論としてClからの共感が得られやすく、また時として自己否定の軽減につながることもある。そして結果的に、回避的な機能を持つ認知行動を強化し、回避してしまったことに対する自責の念を生じさせてしまうリスクもある。

本事例の見立てによる、心理師とClの関係構築をベースとしてClの現実の人間関係の変容をもたらすまでの道のりには、かなり長期間を要すると考えられる。Cl自身がその主訴に応じて自発的に選択し来談する独立したクリニックであれば、このような視点と治療計画をClと共有し、両者の同意のもとCl主体のペースで展開されうると考えられるが、先に指摘したように、福祉領域におけるひきこも▶4-100〜105り支援というチーム全体のなかでの心理支援の目標としては、他の支援との時間感覚のズレを生じさせる原因となる可能性もある。

過去のネガティブな体験を話すことは、もちろんClの自発にまかせるべきであるが、その振り返りが、心理師という他者によって受け止められるとしても、現在のClがおかれた状況が安定・安心な環境でないと、その体験の言語化が先の指摘のように現在の状況からの回避機能を持ってしまったり、危機的な妄想や不安を高めてしま

ったり（後者は本事例では当てはまらないが）などのリスクを生じさせる。心理師は、Clが現在の状況は安心なものであると感じられるよう、過去を乗り越える過程にあるClの今を認めることが大切であろう。#33での心理師のフィードバックについては特に記述されていないが、緊張しながらも父との対話を受け入れようとしているClをしっかりと受け止めておられると思う。

最後に、本事例から少し離れてしまうが、就労支援現場での心理的支援の留意点について述べてみたい。精神疾患を抱えた若年層の就労支援のなかで、心理師は自殺リスクに対するゲートキーパーとしての役割を強く意識し、他の職種と密接な連携体制を組むことが求められる。

特に、就労準備段階では安定しているClも、面接や職場実習といった段階に進むと、過去の失敗体験や傷つき体験と向き合わざるを得ない状況から、精神状態は不安定な状況に陥りやすい。ちょっとした失敗や躓きが不安や希死念慮を誘発したり、それが就労支援のからの離脱につながったりする。現場でのスタッフとともに、Clの困難感や不安に対して即応できるカウンセリング体制、さらに職場の環境を整えたり、ステップを調整したりできる即時的なフィードバック体制の構築が求められる。また現場によっては、Clの苦しみを理解しながら就労へと支援しているスタッフの葛藤や不安に対する心のケアも、心理師の役割となるであろう。

その他の視点からのコメント

内海新祐

(1)事例にどのようなストーリーを見出すか──事例記述に寄せて

事例を記述するということは、後から振り返って事例経過をまとめることである。どのような記述であれ、そこでは意識的・無意識的な情報の取捨選択が働く。まったき客観的記述などというものはありえない。しかし当然ながら、無作為に事例の周辺情報や面接中の言動を抜粋してもよい事例記述にはならない。ここでいう「よい」事例記述とは、経過を追体験でき、そのプロセスを読者が検討しやすい記述のことである。そのためには一定のストーリー性を備えている必要がある。そうでないと、情報の羅列を前に読者は途方に暮れることになる。ストーリーの構成にはセラピスト〔以下、Th〕の観点が作用しているわけで、これはもちろん主観的であることを免れない。しかし大事なのはそこに自覚的になり、どのような主観を持ちながら関わっていたのか示すよう努めることである。そうすることでThの視点や考え方、実際の関わりに対する批判的検討がより可能になる。

さて、Thはこの事例にどのようなストーリーを見て取ったのか。正直なところ、私にはそれをたどることは困難であった。確かに、経過を四期に区切り小見出を付すことでThが見出した各期の主題は伺い知ることができる。だが、それは表題以上のものではなく、各期相互の関連については記されていない。事例記述においても、なぜその回のそのやりとりが選ばれたのか、文脈や意図は示されない。ストーリー性が感じられるためには、例えば次のような要素が必要だろう。クライエント〔以下、CI〕の訴えや困難をThはどう理解し、ど

んな方法でどう関わることが支援になると考えたのか。それはなぜか。目標をどのようにClと共有し、そして実際に関わってみて当初の予想はどうだったのか。Clの言動をThはどう感じ、考え、応じたのか。一連の経過は支援になったのか。それはどのような意味においてか……。これらが明示的でないのは、単に書き方の問題だけではないと思う。私の経験では、どのような事例記述をするかと、経過の只中をどのように生きていたのか、それを今どう理解しているのかとは無縁ではない。Thは「Clとの関係性をいかに繋ぐか」に必死だったという。そうならざるを得ない心許なさをClに感じていたのかもしれない。それゆえストーリーどころではなく、今もなお、支援の流れやその機序をとらえあぐねているということなのかもしれない。

(2)Clの何を支援するのか——Thの責任に寄せて

　私なりにAの抱えていた困難を考えると、その根の部分に「自分には何もない」[#29, #31] という拭い難い感覚があったのではないかと思う。家庭でも学校でも、中退後の生活も、傷つきと不全感の連続。「人生を良い方向に動かす力など自分にはない」と観念している人では？　と思う。ゆえに大枠としては、「自分はただ状況に翻弄されるだけではなく、よい状況を作り出せる主体的存在なのだ」との実感を得ることが目指す方向になろうか。ここで私が着目したいのは、Aがどのようなきっかけで、なぜこの時期に来所が可能になったのかである。これに関する記載はないが、何にせよ驚くべきことのように思う。傍目には微かでも、当人からすれば大きな一歩だったに違いない。感嘆と敬意をもって迎え、そこに至るまでの歴史や理由、そしてわずかでも期待（これは最初から確固としてあるものではなく、小さな芽を育むような感じだろう）を共有することが目指す方向への基点になると考えられる。これがどれだけ具体的に、丁寧にできるか。初

回が勝負どころだろう。

　回が進むなか、Aは『信頼した自分が悪かった』[#4]、『結局自分に責任があると思う』[#31]と語る。これは主体性の感覚を得ようするもがきの一端なのかもしれない。「（ネガティブなものであれ）自分がその状況を作り出したのだ」と。自責的でありながら、他責とも、あるいは諦念にも感じられるが、これに対しThは《精神的によくならないのは私に責任があります》と応じる。これは大きな応答である。この事例だけでなく、心理支援とは何か、Thの責任は何か、といった原理的な問いにも通ずるものだと私には思える。

　おそらくThは自責的に過ぎるAの負荷を軽くする意図でこれを言ったと思う（あるいはAの無力感が反映した、Th自身の無力感の反動だったのかもしれない）のだが、ここは注意を要すると思った。この言葉は、「精神的によくなる」事態を作り出す力がA自身にはないことを暗示することにならないか。また、そもそも心理支援において、Thが負う責任は「精神的によくなる」という結果だろうか。もちろんThには仕事としての責任はある。だが、神ならぬ人間に結果を請け負うことは可能なのだろうか。私は、事態を動かす力を持つのはあくまでClであり、その難路をCl自身が引き受けられるよう共に考えることが心理支援だと考える。Thの責任はそのプロセスを投げ出さないことだと思う。Thによる"免責"は、Clを慰めるばかりでなく、Clの力を賦活させるものである必要があるだろう。

　私の懸念をよそに、本事例においては結果として、Aは挫折したりThの提案を拒否したりという主体性を発揮しながら試行錯誤を重ねられたようだ。それが可能になった機序を正しくとらえるのは情報（特に終盤）が少なく難しいが、そのような行きつ戻りつの動きを支える、少なくとも妨げないという役割をThは果たしたのではないかと思われる。ケースワーク全体のなかでの心理面接の意味は、まさにそこにあるといえるだろう。

第 **3** 章

教育分野

事 例

高橋美幸

(1)事例の概要（個人を特定できないよう複数の事例を混ぜてある。）

[相談者 (以下Cl)]　来談時、小学校5年生。男児。

[主　訴]　不登校。

[家　族]　来談時、母とClの2人暮らし。Clが小学校1年生の終わり
の時に離婚し、父親とは、Cl・母とも交流がない。母はフルタイム
での事務職に加え、休日はアルバイトもしている。

[生育歴]　妊娠・出産時とも経過は順調。始語は1歳9ヵ月とやや遅
め。1歳半健診でも言葉の遅れを指摘されたが、母はあまり気にか
けなかった。0歳時から保育園入園。離婚をきっかけに、母の職場
が近い現住所に転居、小学校2年生から新しい学校に転入している。

[問題の経過]　転入当初は毎日登校していたが、夏休み明けから月に
一、二日の頻度で、体調不良を理由に欠席。3年生でも同程度の欠
席は見られていた。4年生になり欠席が増え始め、冬には完全不登
校状態、友だちとの交流も断つようになっている。学校の個人面談
で、担任より当相談室を紹介され、5年生の11月に来室となった。

[初回面接]　待合室では母のすぐ隣に座り、緊張した様子。細身の体
つき。髪の毛は長めで、前髪はやや目にかかっており、伏し目がち。
来室については『学校休んでるから「行け」って……』と話し、表
情が曇る。家では漫画を読んだりテレビを見たりして過ごし、友だ
ちとの交流は全くないため、『ちょっとヒマ』──《まずはここで遊
ぶっていうのはどう？　学校のことも大事だけど、慣れてから一緒に
考えることにしよう》と提案。『遊ぶの?』と少し驚いた様子だが、
了承。

母は『普通に登校してたのに。どうして急に……』と話す。家では手伝いはしてくれており、素直な態度。勉強はやろうとせず、以前から漢字を書くのは嫌いであったと話す。

(2)見立てと方針

両親の離婚という一大事と、離婚後の母が大変な様子は、Clにとっても非常に不安で恐ろしいものであったと推測できる。母に負担をかけないよう、自身の感情や意思を抑え、健気に生きるClであるように見えた。そのため、母との生活を守ることにすべてを注いでおり、学校どころではなくなったと思われる。思いのままに過ごせないため同級生の集団のなかでものびのびと遊ぶことはできず、さらに学習面での苦手さもあり、学校が楽しい場とはならなかった様子。面接のなかでは、そうしたClがのびのびと子どもらしく過ごせること、内面を表出しても大丈夫であると感じられる場の提供を目指す。また、中学進学に向け、どのような環境に身を置くことがよいか、学習や生活の場についても検討していく。母子並行面接とし、Cl、母とも筆者が担当。

(3)支援の経過

[第1期 [#2~]]

最初の数回はなかなか遊びを選べず、Clが目を向けているおもちゃをセラピスト〔以下Th〕が指し、それで遊ぶことを提案。遠慮がちに遊んでいたが、Thを真似て本気で遊ぶようになる。そのうちに、部屋にあるバットを見て『野球、やったことない』と話すため、Thがゴムボールを投げ、Clが打つ野球をするようになる。このころ、手や足の痛みを訴え、Thが心配すると『ぜんぜん平気』と言うことが増える。それでもThが心配すると、『もういいから』と怒った様子を見せる。野球では、プレイルームの中でボールを思い切り打つよ

うになる。そこで、怖がるThのための避難場所として仕切りを置いたり、ガラス戸の前に板を置くなどして、Clが全力で打てるよう二人で工夫し、汗だくで遊ぶ。

Clと数回会った段階で、小学校の担任と連絡をとる。そのなかで、Clが2年生の終わりの頃、夜間放置のため子ども家庭支援センターに通告が入ったと聞く。母親がアルバイトに行っていたためだが、その後は夜間放置はなくなったと聞いている、との話。また、登校していたころのClは大人しく、友だちに声をかけられそこに加わって遊ぶような子であった。学習は全体的に中の下で、板書を写すのは遅く、漢字を書くことはとても苦手であったとのこと。

[第2期] [#22~]

小学生の間でよく読まれている冒険物語について、Thに『知ってる?』『すごく面白いんだよ。今度持ってきていい?』と言う。それからは三種類ほどの本や漫画を順に持参、ClがThに本を見せながら読んでくれる。ときどき『この顔すごいウケるよね』など、面白かったところを余すことなく教えようとする。Thは毎回その話を聞き、相槌を打ったり一緒に笑ったりしていたが、強い眠気に襲われることが続く。迷ったものの、言ってもいいか、という思いがあり、《ずーっと聞いてると、眠くなっちゃうよ》と伝えてみる。Clは『あ、そう? うん、わかった。でね、このページがね』と意に介さない様子で続け、それ以降は、Thも《そろそろ眠くなってきた》と遠慮なく言いながら聞く、という読み聞かせが続く。ある日、読み聞かせに一区切りがついたところで、ぽつりと『どうしよう、中学』と言う。Thより《これから学校のこと、少しずつ考えていこうか》と伝えると、しっかりとうなずく。

母は第1期の半ばから、仕事を理由に面接のキャンセルが続く。

[第3期] [#41~]

その後も読み聞かせは続くが、合間に話をするようになる。Thか

ら、学区の中学校への登校の他に通級指導学級〔以下通級〕、別室登校などを利用する方法を提示すると、通級に興味をもつ。勉強についての不安をClが話したことと、通級の申し込みに必要なこともあり、WISC-IVを実施。IQは平均の下で、視覚的空間認知の苦手さや、書くことの苦手さが顕著に見られた。Clにも「得意なこと、苦手なこと」として結果を伝えると、『漢字、形わかんなくなっちゃうんだよね』と話す。Clに合った勉強方法を伝え、その方法で毎回三文字ずつ漢字の練習を始める。書きながら『学校、眠くって行けない日あったんだよ』と話す。《夜、眠れなかったの?》──『ママいなかったから……』──《家に一人だったんだ。それ、怖かったね》──『うん。……すごい怖かった』と言い、ふぅ、と大きく息を吐く。

　このころ、中学進学に向けて話をしたいと母に伝えたところ、再び来室してくれるようになる。学校を休み始めたころの話を聞くと、『そのころのClの様子覚えてないんです』と、笑う。《お母さんが大変なのをClなりにわかっていたのかもしれない。Clも不安だったみたいだけど、見せないようにがんばっていたのかな》と伝えると、真剣な顔で少し考え込む。

　担任には、Clが通級の利用を考え始めたことを伝え、母と連絡をとって手続きをしてほしいとお願いする。また、後日、学校に訪問し、管理職・担任・養護教諭と協議。今後の方針や役割分担を決める。Thから通級にも連絡し、Clの様子と能力の特徴についても伝える。

［第4期 [#54～]］

　通級に慣れるため、まずは担任と少しずつ話をしてみることを提案すると、『少しなら、大丈夫かも』と。Thから担任にも伝えることにする。後日、担任と玄関先で話ができたと嬉しそうに話す。担任による数回の家庭訪問の後、放課後に学校で会ってみることになったこと、保健室で身体測定もすることなどを教えてくれる。

中学1年生になり、通級への登校が始まる。また、通級の先生の勧めで、5月半ばから、原籍の中学校の別室にも少しずつ顔を出すようになる。先生が言った冗談、友だちができたことなどをニコニコして話す。勉強については『まあまあ。難しいけど』と、はにかむ。来室すると、通級で教わったカードゲームをするようになる。6月になったある日、『学校、毎日行くことにしたから、ここ来られないかも。次の約束、決められない』と言う。《それなら学校優先にしようか。必要な時には連絡してくれていいからね》と伝える。するとこの日、Clが帰る時間に合わせ、母が来室する。Thが驚いていると、母は『Clが「今日で終わり」って言っていたので』──《そっか、「今日でおしまい」って、自分で決めてたんだね》とClに言うと、Thを見つめ『うん』。母に促され小さく『ありがとうございました』と言って、帰っていった。

(4)事例をふりかえって

　一瞬も気を抜くことのできない激しいプレイから日向ぼっこのような時間を経て、気づけば現実のなかでしっかりと歩くようになっていたClであった。いつの間にか男の子らしい体つきになったことに気づき、ああ、大きくなっちゃったなぁ、と寂しくなった日があったことを覚えている。数年が過ぎたある日、無事に高校に進学したと、噂で聞くことができた。

力動論からのコメント

井上直子

(1)事例の概要を読みながら頭に浮かぶこと

　Clの話を聴いたり事例資料を読んだりしながら心と頭を動かすと、その都度に疑問や考えや想いが浮かぶ。それがClとの相互作用や事例検討の流れを作っていく。この営みが事例理解の過程であり、支援や検討の過程であり、その背景に各種の理論がある。

　まず、Clは思春期の入り口にいる小5男児である。事例の概要は主に母からの情報をまとめたものと思われる。情報の質と量を高めるには、いつどのような構造のなかで誰からどのように得たかも気にかけたい。主訴の「不登校」は母の主訴であり、Clを来談に導いたClの状況である。Clは母が不登校を問題視していると理解し、初回面接で表情を曇らせたが、積極的に不登校について語った様子はなく、友だちとの交流がなくちょっと暇だと控えめに伝えている。この状況でClが困ったり悩んだりしていることは何か、言語化されていない痛みや不安は何か。母は不登校という一言の背後に何か心配を抱えているのか、登校すれば問題解決と考えているのか。

　離婚により小1の終わり頃から母子家庭である。Clの学校や地域では離婚は珍しいか、それほどでもないか。離婚は子どもに喪失体験と不安や恐れをもたらすものの、離婚それ自体が問題をもたらすとは限らないことに留意し、離婚による変化の質に関心を向けたい。Clにとって父はどのような存在でなぜ交流がないのか、家の雰囲気や経済はどう変化したのか。Clは何を見聞きし、誰から何をどう説明され、どのようなファンタジーを抱いているのか。母は、働きぶりから責任を持って家計を支え、必要に応じて現実的な行動を起こ

して頑張る人であり、生育歴や初回面接から神経質ではなく繊細でもなく、Clと良い関係ではあるが、忙しい生活のなかでClの心の動きに関心を向ける感受性は垣間見えない。

　問題の経過は離婚後の新しい学校への転入から記述が始まるが、離婚が問題の起点とは限らない。初回面接で母は素直な良い子のClの不登校に至る流れが追えずに急なことだと戸惑っている。欠席が増えたのは小4である。学習の難易度があがり、発達の個人差が顕著になり、仲間関係が重要となる時期である。それらをClはどう体験していたのか。生育歴にある言葉の遅れや初回面接にある漢字を書くのが嫌いという学習に関連する特徴はどう位置づけられるだろうか。友だちとの交流も断つとあるが、どういう意味だろう。学校の個人面談を経て担任から紹介されているが、なぜ今なのか、母が相談できる場所を欲したのか、担任からの動きなのか、紹介されて母にはどのような期待が生じたのか。

(2)見立てと方針、そして支援

　疑問の答えを完全に得ることが初回面接の目的ではない。疑問は追求ではない。関心であり、仮説を含み、理解と支援に繋がる。疑問を共有することが同盟を作る。[1-54]

　必要に応じて現実的な行動を起こせる母は、第1期半ばのように母親面接の意味が見えなくなると忙しさからキャンセルし、第3期のように見えれば忙しくとも来談する。だからこそ母とはCl支援のチームとして、積極的にThの頭のなかを共有し、何をする場所であるかを伝え、同盟を構築したい。一緒に解き明かそうとすることが、Clの心の動きへの母の関心や感受性を育て、母としてのCl支援を促すだろう。

　Thは母をCl支援のチームメンバーとして期待していただろうか。支援に欠かせない諸機関との連携では、母の忙しさに配慮し、結果

的に母の代理を務めた部分もあるように見える。Clの変化が第一だが、第3期のThの働きかけのような母の成長も積極的に含めた母親面接を当初から意図したい。

　Clへの見立てと方針は全体を網羅し、多面的であるが、事実との対応による妥当性の検討が難しい。気になるのは離婚の影響を中心に据えた点である。見立てでは、現在から過去へ必要があれば遡り、知的能力や心身機能に問題・障害の可能性があれば問題理解に早めに位置づけたい。小5で来談となったのは小4からの不登校の継続と中学進学への懸念ゆえではないか。だとすれば、現在に近い小4を問題の起点といったん仮定し、学習難易度の変化とClの学習に関連した特徴をまず考慮したい。この軸で見ると展開はすっきりしている。ThはClの安心感を第一に、遊びの場を提供して関係を構築し、第1期に担任からClの学習上の難しさを確認し、第2期にClの中学進学への不安の呟きを聴き、これを受けて第3期に学習支援を展開し、第4期に通級にうまく繋げ、温かな終結を迎えている。

　良い結末の事例だからこそあえて考えてみたい。対応可能な現実不安を減らすと、心の痛みや神経症的不安の存在が浮かび上がるため、第1期でWISCを実施して学習支援を導入し、並行して遊戯療法をおこないたい。ThはClの遊べなさに注目して遊ぶよう促したが、遊びかねていること自体を表現と考え、遊ぶことが目的だと伝わらないように留意したい。Clが手足の痛みを訴えた際に、Thは心配して気遣う母親的対象を示したが、Thの見立てに沿うならば「痛みがある」ことそのものに関心を向けて表現を待ち、心の痛みを表し理解される体験に繋げたい。そうして、遊びの場にいるThが活動を共にする安心して相談できる大人である以上に、第3期のThのように心の動きに関心を向けて理解しようとする存在だとClが早くから体感できたなら、遊びの展開や終結の訪れ方は異なるかもしれない。

行動論からのコメント

神村栄一

どのような情報をいかに集めるべきか。その判断から、心理臨床の仕事は始まる。「関係づくりに初回から数回、動機づけにも数回を費やした」という報告を目にすることがあるが、「関係をつくりつつ動機を高めつつの情報集め」がより望ましいと筆者は考える。一般に人というのは、具体的な作業を共有した方が、関係はより深まり、動機づけもより効果的に高まる。

今回のケース呈示では、行動論的な考察に必要な具体的な情報が不足している。そこで以下の考察は、（禁じ手の）憶測に基づくことをお許しいただきたい。むしろ、公認心理師が"行動論的な支援"に臨む際に踏まえておくとよいと思われる「着眼点」や「留意点」を示唆させていただくことが中心となる。

【見立てと方針】までを読ませていただいたところでの感想だが、なにより憶測をできるだけ排する姿勢が大事だと考える。たとえば、「両親の離婚」を「一大事」と判断されているが、果たしてどのような一大事だったのか、それがその後のクライエント〔以下、Cl〕の生活環境、生き方にどう影響したのか。この分析とそのための情報こそが重要。それはいかなるアプローチでも変わらないと思う。

それからすると、ご家族のエピソードとそれに応じたClのさまざまな行動（表情や身体反応も含めて）の変化の確認（母親しか情報源がないのであればそこからでよい）がないまま、「感情や意思を抑え」「健気に生きる」との見立てが導かれた根拠が不明である。

「母との……すべてを注いで」「思いのままに過ごせない」「のびの

びと遊ぶことはできず」「学習面での苦手さ」の判断の根拠（裏取り）は何だったのか。著者も、おおよその判断は妥当だったと憶測するが、それを裏づける事実を、Clの現在とこれまでの生活のなかから具体的にとらえることから、行動論による支援のアイディが浮かぶ。どの習慣的行動を増やし、なにを減らし、どのような刺激に対して馴れて（条件づけを解除）いただき、どのような受け止めができるように環境側が配慮するのがよいか、のためのアイディアである。おそらく、Clについて、支援者側に最初からストーリーが「でき過ぎ」ていた、しかしそれはあくまで（裏取りの不足した）ストーリーだから展開は慎重にせざるを得ず、ということで、介入のペースが（少なくとも筆者の目には）ゆっくりとなっている。

　情報が具体的でないと、介入は「一辺倒」になる。「いかなる主訴や症状でもとりあえず○○を提供する」というワンパターンな介入は、心理学的支援としてもはや「前近代的」である。そこでは支援のあり方を示唆する「見立て」は無用となる。

　この子と家族（しばしば学校の教職員）は何をすべきか、何は無意味（時間の無駄）で何は危険かについて、一般原則でなく、この事例にオリジナルな判断は、事例について詳細な情報があって可能となる。それが無いと、大雨のなかワイパーを動かさず自動車を運転しているようなことになりかねない。だから、標準的な速度での「走行」が難しかったのだろうか。

　なお、「内面を表出しても大丈夫」と認識してもらう配慮は、いかなる支援でも有効だが、それは支援に根拠を持たせるための手段であり、目的ではない。対人援助にありがちな「手段の目的化」には、よくよく注意したいものである。

　ちなみに、筆者であれば、離婚に至る経過でどのようなエピソードがClと母親にあったかを伺い（母親のご苦労を労う機会にできる）、そ

れがClにどのような負荷となったか、そのなかでClがどのような対処を「学習」したか、それがその後どのように強化されてきたか（対処行動がどう機能してきたか）、その学習がどのように現在の不登校、家族以外との関係形成の困難につながっているか否か、を軸に情報を集め整理しただろう。他のエピソードについても仮説検証を重ねることで見立ては精緻化される。

　離婚とか、転校とか、その他、仲間とのトラブル、いじめ、学習の困難といったエピソードそのものでなく、それがどれだけ、最近のクライエントの生き方、対処の仕方、受け止め方を規定しているかどうか、を見ていきたい。心理学の教科書ではしばしば、「（行動論的支援では）クライエントの過去を重視しない」といった誤った記載がある。「今の瞬間」だけの情報から、学習という、行動論による事例理解の基本中の基本となる現象をとらえることはできない。

　さらに言えば、この事例では、母親をはじめ周囲への依存（援助要請）行動の表出行動と、それに対する母親はじめ周囲の大人、同級生などの受け止め行動の随伴性についての情報がとても大切になる。このClは、周囲（母親と教師）が「手を焼く子」タイプではなく、「不適切な行動」の獲得（困った行動で周囲をコントロールする）よりは、「適切な行動」の未学習が深刻で、その結果、不登校という回避行動を促したようだ（発達面での遅れの要素がベースにあるとしても）。そのあたりを裏づけられれば、回避行動の段階的変容という支援に踏み込むことができる。

　不登校、つまり学校場面を回避する、という主訴であるから、「小学二年での転入」の前後の学校でのエピソード、欠席した際の家庭での過ごし方も把握したい。小学二年といえば、漢字だけでなく九九もマスターしなければならないが、それはどうだったのか（発達検査 ▶1-113 のより実際的な解釈につながる。発達検査だけでの判断はマズイ）。Clは、よ

くあることだが、課題従事を回避する術を苦し紛れのなかで学習して
きた可能性がる。それはそのまま、持てる資質を十分に発揮できて
いないことを意味する。それに対して、母親と学校教師が連携して、
どのような一貫性ある対応を取るべきか、その処方箋を（できれ
ば短期間で）示すのが専門家の仕事といえよう。

　「夜間放置」についての母親の考え（学校から「マル秘」として頂戴し
た情報だと扱いはやや困難だが）は、いろいろな意味で（慎重に）確認し
ておくべきである。せっかく小学校の先生とコンタクトをとれた。
なら、この時点で早速、学校での「特別支援」の必要性の判断、経
過などを情報収集できるとよかったのだが、どうだったのだろう。

　【第2期】の眠気の訴えは興味深いが、この支援者側の自己開示の
ねらいについて、あれば言及いただきたかった。「Clの、他人の心
の察しの能力」について、限界吟味するねらいだったのだろうか。
もしそうならば、自閉症スペクトラム特性が疑われるClに対する、
とても巧みな査定テクニックと評価される。他にも、介入の意図に
ついての記述があるとより楽しく読めたし、参考になった。

　母親のキャンセルについて状況が不明だが、Cl一人での来談が多
くなったのだろうか。母親は「自分が必要なさそう」と思ったので
はないか。行動論的支援の立場からは、小学校の事例において、唯
一の家族を協力者にしない手はないだろう、と残念に思う。

　専門家のプレイセラピーを受けているとしても、学校側が不登校
のClに何ら働きかけをしなかったとは思えない。学校との連携がど
れだけあったのか、難しかったのか、不要と判断されたのか。「これ
から学校のこと……考えていこうか」は、ごく初期にの#2〜4で提
案できなかったのか。小学校五年生の不登校のケースで、石橋を叩
いているうちに、Clは思春期に成長し、中学生になる。その意味で、
▶1-113
#40回を過ぎてからのWISC-IV実施というのはどうか。

不登校（傾向も含め）の事例で「生活と睡眠のリズムについて、初回から継続的に本人および保護者から確認」は、アプローチの違いにかかわらず"支援の常識"にすべきだと考える。睡眠リズムの立て直しのみで改善に向かう事例は多い。2015年度からの不登校の明らかな増加傾向の背景として、ネット環境の変化、とるべき睡眠をしっかりとれない家庭状況の広がりが最も怪しいところである。

　経済面も含めゆとりがない家庭状況で、年齢相応の常識的な生活へと立て直してもらうのがなかなか難しいケースも少なくない。しかし、要支援者側としては、「影響が大きいことは、より早期から情報提供して欲しい」というのは当然である。臨床心理学的アプローチの違い云々の前に、常識的な対人援助としてどうあるべきだろう。医療領域など、複数の専門家が関与する支援の場であれば、そこに役割分担があり公認心理師がカバーする内容は狭くてすむ。この事例では支援の文脈について不明であるが、念のため言及した。

　睡眠という行動科学の重要な研究対象である変数について、主治医がうっかり言及を怠っていたら、それを公認心理師がフォローするくらいでないと、心理学（＝行動科学）国家資格化の意味は無い。これからの時代、心理師も援助職として重要な情報提供を怠った場合、厳しく責任追及される可能性もある。

　結論としてまとめると、公認心理師の力量は、「事例からどのように情報を集め、整理し、どのような情報を提供できるか」で決まる、という覚悟が肝要だ、となるだろう。専門家として寄って立つ学派など、サービスを受ける側からすればまったく関心の外である。国家資格化というのはそういうものだと思う。一般市民は、自分の健康や財産・権利をゆだねる医師や看護師、あるいは福祉士や弁護士の、出身大学や出身研究室、所属学会などをどれだけ気にしているだろうか。

その他の視点からのコメント

園田雅代

PCAを主とした立場から本事例の良さを三点まとめる

　一つ目は、Thに何らかの固定的な先行概念や枠組があり、それに当てはめるようにClや母親を把握したり操作しようとしたりしていない点である。ThがClと素朴に、かつ真摯に関わり合うなかで、最終的にはClなりの学校適応も促され、また、ケースの終結を彼自身で選択するなど、Clの年齢相応の自我の成長も見てとれる。

　パーソンセンタード・アプローチ〔以下、PCA〕では、各人の自己成長の潜在的な可能性、それを保障しうるような人的環境や、人との関係性を重視する。その意味において本事例では、ClがThと「汗だくで遊ぶ」、本を読み聞かせる、自分に合った勉強方法を教わる等々、その時々に必要としていた体験をThと共有しながら、それを契機に、Clの、人への信頼感や自分への信頼感がいっそう引き出されていったと総括しうるだろう。換言すると、Cl自身が自他相互信頼の力を、彼なりの地歩で伸ばしていったとまとめられる。

　二つ目に、Clが第2期で『どうしよう、中学』と、第3期で『漢字、形わかんなくなっちゃうんだよね』と話している点である。ここには、その場の相手〔Th〕への信頼感があるからこそ、自分の不安や心配などを素直に伝えられたこと、また、それを相手に受け止めてもらうことを通じて、自分の本心や感情を我がものとして引き受けるという、いわば自己一致の力が醸成される瞬間が見て取れる。

　そのハイライトともいうべき局面が、『学校、眠くって……』〜『すごい怖かった』と言い、ふう、と大きく息を吐く、一連のやり

とりであろうことは想像に難くない。自己一致の力があればあるほど、第4期の『少しなら、大丈夫かも』のClの発言に示されるように、人は一般に、現状や今後について現実的な見通しを持てたり、周りの人から上手にサポートをもらったりもし易くなる。

　三つ目に、Thの言葉かけのうまさについてである。初回で《まずはここで遊ぶっていうのはどう?》《慣れてから一緒に考えることにしよう》、第2期の《これから学校のこと、少しずつ考えていこうか》、第3期の母親への《Clなりにわかっていたのかもしれない。見せないようにがんばっていたのかな》など、Thの表現は明快でありながら、決して押し付けがましくない。シンプルであり、同時に、相手がそれをもとに考えたり決めたりする自由なスペースも差し出している。心理師が発する言葉が、Clへの〈共感的理解〉の発露や、〈共感的理解〉をしたいがために発する問いかけ、または心理師自身の〈自己一致〉などに基づくものであると、それはClの自己理解に向け、プラスに働きやすい（確実にそうとは断定できないが、少なくとも、Clの体験過程を損なったりはしないだろう）。本事例のThが上記のような言葉かけを成しえたのも、Clや母親への〈共感的理解〉が根底にあったこと、さらに、ロジャーズが共感的理解の「伝達」と強調したように、相手にストンと届く表現を、Thが普段から意識したり実践したりしているからではないかと想像した。

　最終回、Thは《今日でおしまいって、自分で決めてたんだね》と言った。《自分で決めたんだね》でないこと、ここからは、一定の時間の流れに沿ってThはClの選択を理解しようとしており、その選択をずっと尊重しようとしていることなどが伺える。PCAというと、例の〈ロジャーズの三条件〉が金科玉条的に掲げられているだけといった浅薄な誤解もあるようだが、それは違う。クライエントへの心理師のまなざし、関わり方、具体的な言葉かけのひとつひとつ、

言葉でなくとも心理師の表情やたたずまいといったところにこそ、PCAは具現化されうるものであろう。そしてそういったものは、クライエントとの関係だけでなく、例えば多職種連携においても、共通理解や協働などを生み出す、大いなる資源となるものだ。

　最後に、若干、気になった点について付記する。
　ThはClの初期の見立てとして「自身の感情や意思を抑え、健気に生きるCl」「のびのびと遊ぶことはできず」ととらえ、そのうえで、「のびのびと子どもらしく過ごせること、内面を表出しても大丈夫であると感じられる」などの方針を立てている。
　簡単に述べるとThはClに対し、やや過剰適応的な子をイメージしたのだろうか？　確かにClは来談時まで、自分の気持ちなどをあまり出せなかったようだが、それは「抑え」ていたからか？　私には、抑えていたというよりも、感情やその表出などがまだ十分に育っていなかったのでは？　と感じられた。そう感じるのは、最初の頃から、Clの健康度の高さが随所に見られ（初回で『ちょっとヒマ』と述べたり『遊ぶの?』と驚いて反応するなど）あまり抑圧的な印象がないからだ。Clなりの「子どもらしさがある子」では？と思えるため、「のびのびと子どもらしく」とのThの一文に、ひっかかってしまった。
　ここにはたぶん、Thの子ども観や価値観、内的準拠枠といったものが影響しているだろうが、なぜか、その点についてThはあまり自覚的でないように感じられる。無論、Clが（子どもでも大人でも）心理師との関わりにおいて「内面を表出しても大丈夫と感じられる」意味は大きく、それを否定するものではまったくない。が、「のびのびと子どもらしく」ということが、もしかするとこのThには、「内面を表出する」ことと同義として、あるいは直結するものと見なされていやしないか？　だとしたら、それは違うのでは？　と問いかけてみたい。

このあたりは、PCAの〈無条件の肯定的配慮〉ということとも密に関連している。誰もが種々の子ども観・価値観・内的準拠枠などを有しているわけだが、心理師がそれを客観視できること、例えば、クライエントや家族・関係者と関わるときなどに、負のバイアスとして作用していないか、無自覚のまま（自分の期待に相手を合わせようと）「条件付ける肯定的配慮」になっていないかなどと、折々で自分で確かめる作業も大切にして欲しいと願う。

そのほか、第2期でClがThに読み聞かせをし「面白かったことなどを余すことなく教えようとする」ときに、Thが「強い眠気に襲われることが続く」とある。「眠気に襲われた」ことがまずいのではなく、なぜ眠気に襲われたのかについてThがどう考えたのか、がわからない点が気になった。眠くなるほどClの読み方などが稚拙なのか、Thに興味の持てない内容だったのか。あるいは、末尾に「日向ぼっこのような時間を経て」と書かれてあるが、両者が共にまどろむような穏やかなひとときだったのか？　先述した子ども観などへの検討と同様に、こういうところに関しても、Thがもう少し自覚的にTh-Cl関係や自分自身を検討できるとよいと思う。

また、本ケースでは母子を同じThが担当し、テスターも兼ねたわけだが、そのメリット・デメリットの意識化もぜひ勧めたい。PCA的な関わり方とは、自覚的・意識的に考えることと何も矛盾しない。考えることがあくまでもケース理解やクライエントの福利のためのものであること、それがPCAのひとつの特質と言えよう。

第**4**章

司法・犯罪分野

事　例

奥田　眞

(1)事例の概要

　対象少年はＡ少年19歳。実父母と実妹の四人家族。実父の女性関係が原因で実父母の関係は冷めたものとなっており、家庭内は緊張した雰囲気であった。また、少年によれば、実父から幼少期から何か実父が気に入らないことがあったり、少年が間違ったことをしたりした際に、主として殴られるという体罰を受けてきた経緯がある。

　実母も幼少期からＡ少年に対し、暴力を振るわないものの、厳しい躾をおこなっており、実父から体罰を受けている際もＡ少年をかばうようなことはなかったこともあり、愛着の形成は不十分であった。加えて、実妹が小学校に進んだ頃から、主に放課後に実妹の面倒を両親の代わりに見させられてきたという経緯があり、両親や実妹への不満を内在させていた。

　そのようななかで、家庭に居場所を見いだせずに、家出をして非行に及んだものである。非行は、高校中退後、土木関係の仕事をしていたが、仕事後に、中学時代からの不良仲間と飲酒している最中に、不良仲間の後輩から自分を下に見るような発言をされ、それを注意したものの、後輩が真剣に受け止めなかったため、激高して複数回殴り、全治2週間程度の傷害を負わせたものである。

　少年院の生活では、職員の指導に反発するなどの行動が多く、感情統制の未熟さが見られた。規律違反行為も何度かあり、集団生活場面から切り離されて、個室での生活が長くなり、院内適応状況も好ましいものではなかった。その背景として、家族関係の影響が考えられたため、心理支援への導入のために面接をおこなった。

(2)支援の方針

　筆者は個室担当の職員であったが、主として6日に一回程度の当直勤務の際に、少年と接する機会があり、心理支援の導入のための面接をする前に、二、三回程度、面接をおこなった経緯があった。

　その後、A少年から筆者へ面接を希望してきたことをよい機会と捉え、心理支援の面接を実施することとした。職員の指示や指導を聞き入れられないのは、A少年自身が、身近な人物、特に両親から受け入れられたという経験がないからではないか？　と聞いたところ、実父から体罰等を受けてきた経緯と今までその時に抱いた感情を抱え込んできていたことを正直に吐露していた。

　出院後、実父母との生活を再開させることから、家族への感情を整理することは、少年院在院中の課題であり、再非行防止のためにも必要なことと判断し、実父や実母に対する感情を手紙形式で表現しその整理をおこなう筆記療法である役割交換書簡法（ロールレタリング）を用いた心理支援を試みた。

(3)支援の経過

　A少年が、実父からされた体罰等に対して、今でも引きずっている感情が整理できるのであれば整理したいと述べていたため、筆者から、当時〈A少年から実父へ〉言いたかったこと、知ってほしかったことなどを思う存分、手紙形式で書き出すように促した。

　実父に対して、憎しみや恨み、言いたかったこと、伝えたかったことを便箋17枚にわたって書き出した。書いた後に感想用紙には、少し辛い気持ちになることはあったが書き出してスッキリしたことや、「実父が少年の気持ちや考えをきっと理解してくれるだろう」という期待や思いがあったことに改めて気づいた、と記していた。

　6日に一回程度の筆者の当直勤務の際に、A少年が書いた手紙を提

出してきた時の面接でも同様のことを述べていた。次に、便箋17枚にわたって書き出すほどの感情を抱えているため、相手（実父）の立場に立って〈実父からAへの返事の手紙〉を書くことは難しいのではと判断し、少年にとっての理想の相談相手を想定させて、「仮にその相談相手が〈A少年から実父へ〉の手紙を読んだとしたら、どのような返事の手紙を書いてくれるのか」を想像させ、〈理想の相談相手からAへの返事の手紙〉を書いてみるように工夫した。

　手紙の内容としては、A少年の思いを共感し受け止めつつも、成長した今だからこそ実父の気持ちを考えてみるよう促すものだった。恨んでいる一方で（実父を）わかってあげたい気持ちがあることに気づいたことや、恨み自体がだいぶ減ったと感想に記していた。このようなかたちで、当初抱いていた実父への憎しみの感情や、A少年の自分の気持ちを理解してほしいという気持ちや、実父が理解してくれるのではないかという期待をしたが応えてもらえなかったという失望などの、感情の整理ができ、出院後、新たな関係を築いていくというA少年の決意を新たにすることができた。

　また、家族構成からも分かるように、実母に対しても複雑な感情を抱いていることがわかり、A少年も認めていたため、実父への気持ちの整理を終えた、院生活の7ヵ月を過ぎた頃に、実母への手紙にも取り組むように促した。便箋9枚にわたって「してほしかったこと」などを書き連ねていた。書くことによって、自身の実母に対するさまざまな思いに改めて気づいていた。

　また、1通目の〈Aから実母へ〉の手紙で、すでに実母が思っていたこと（子どもへの期待など）にも気づくことができており、それほど激しい憎しみなどの気持ちは記されていなかったため、次に実母になったつもりで〈実母からAへ〉の返信の手紙を書くように促すと、自分自身にも非があったことや実母が一方的にA少年を否定してき

たわけではないことに、改めて気づいていた。実母との架空の手紙のやりとりは2往復で終了することができていた。

　終了時は、おおむね入院後9ヵ月程度経過しており、少年院生活においては、最上級生になる頃でもあり、集団生活では落ち着いた生活態度を維持し、集団生活をまとめる役割を付与されるなど、他の職員からの評価も得られるようになっていた。ロールレタリングによる心理支援の他には、継続的に課題作文による指導（作文に対する職員からのコメントと面接）を実施しており、本件非行に対する内省、特に被害者心情理解に深まりが見られるようになっていた。

　実妹に対しては、実父母への不満や憎しみなどを、八つ当たりしていたという経緯をA少年も自覚していたため、実父母に対して実施した手法で心理支援を実施した結果、申し訳ないことをしたことを後悔するとともに、実妹への嫉妬があったことに気づくとともに、当時の自分はそうすること以外の行動の選択がなかったことや実妹の心情を心配することができて、実妹に対する気持ちも整理をすることができた。

　実妹に対する気持ちの整理を終えたのは、ちょうど出院1カ月前頃であったが、実父母への気持ちの整理が進んでいくにつれて、月一、二回の面会で、A少年から当時、抱いていた気持ちだけでなく、実父母が抱いていたであろう思いなども伝えていくことで、相互理解が進み、当初消極的だった実父母も、A少年の変化を認め、出院後の引き受けに前向きになっていた。また、実妹にも実際に謝罪の手紙を送り、出院前に関係修復を進めることができていた。

　筆者としては、出院後、実父母が以前のようにA少年の意見などに耳を傾けなくなることで、A少年が自棄的な行動に走ってしまう、ということを不安要素として想定していたが、A少年も同様の想定をしており、そんな状況に陥った場合、自身の気持ちを書き出すこ

とでうまく整理していきたい、と述べるまでになっていた。

(4)事例をふりかえって

　本事例においては、家族に対する感情の整理のための心理支援の方法としてロールレタリングを活用したが、A少年自身が筆者の提案や促しを受け入れて取り組んでくれなければ、効果は上がらなかったことは言うまでもないことである。

　ロールレタリングに限らず、対象者に寄り添い、いわゆる「安全基地」になるような支援者・指導者の存在が必要不可欠であることを、本事例への心理支援を通して改めて確認できるとともに、支援者・指導者として成長することができた。対象者とともに深まっていける指導者・支援者として今後もあり続けられるよう、自己研さんに努めていきたい。
▶4-83

力動論からのコメント

工藤晋平

　広い意味での司法領域には、逮捕から審判（少年）・裁判（成人）までの「司法」、拘置所、少年鑑別所、あるいは少年院や刑務所といった「矯正」、試験観察や保護観察などの「保護」の三領域がある。当然ながら、それぞれの領域でおこなう支援が異なる。おおまかに言えば、司法は〈査定〉に、矯正は〈施設内処遇〉に、保護は〈社会内処遇〉に関わっている。
▶3-93
▶1-146

　本事例は少年院という矯正施設における施設内処遇の事例である

が、力動的な支援に限らず、施設内処遇の何よりの特徴は、生活の全体が更生のために活用されるところにある。また、非行に至る刺激や要因の多くから隔絶されている。そのため、利点としては、より積極的で集中的な治療的・教育的関わりが可能になることが、欠点としては、守られた環境であるために再犯リスクへの取り組みが薄くなることが、あげられる。したがって、非行性や犯罪性の低減をはかり、社会内での更生の道のりを明確にし、その動機づけを高めて社会に送り出すことが、施設内処遇の目標になると思う。

　力動的な観点から広い意味での司法領域における支援を考えると、次のようにいうことができるだろう。

　非行性や犯罪性は「心の痛みとその防衛」の結果として生じる。それはしばしば無意識的なものであるが、支援関係が意味のあるものになればそれだけ、この「心の痛みと防衛」は支援関係に展開する（転移する）。そのため、支援は、支援の関係性を通して、この“心の痛み”を和らげ、それによって〈防衛〉がかつてほど必要ではなくなり、反社会的傾向が減少することを目標とすることになる。

　本事例では愛着にも触れているため、▶1-110 “心の痛み”には「安心感のない愛着の内在化」を含めることもできる（愛着形成が不十分という表▶3-118現があるが、愛着の観点からは、どの子どもも愛着は形成するため、その愛着の質が安心感のあるものかどうかが重要であることを付け添えたい）。

　より範囲を狭めて施設内処遇について考えると、こうした作業を、つまり積極的で集中的な治療的・教育的関わりを、生活や支援関係のなかに現れる反社会的行為を通して、その背後に「心の痛みとその防衛」を読み取り、扱うことで、おこなうということになるだろう。そうした枠組を頭に入れながら、事例を検討してみたい。

　本事例の介入の主要な方法はロールレタリングである。私はロー

ルレタリングの機序に詳しくないが、これが本人の創造物であるということは、「ここに現われているものは本人の内的資源にもとづいている」と考えることができるように思う。

　たとえば、当初は17枚にもわたって父親に憎しみや恨みを書き出していた少年が、手紙を書くあいだに「理解してくれるであろう、という期待や思いが自分にあった」ことに気づき、理想の相談相手からの手紙では、「実父の気持ちを考えてみるように促す」返事を（自分で）書いている。そのようなことが、母親への手紙と返事についても、また実妹についても、生じている。これは、安心感ある関係を築くだけの潜在的な資源が少年のなかにすでにあったことを示唆している。ロールレタリングという方法がそれを浮かび上がらせたとしても、資源がなければ、仮想とはいえ、理解し合う手紙のやりとりを生み出せなかっただろうと思えるからである。

　さらにふたつのことを考慮に入れる必要があるように思う。

　ひとつは、これが施設内処遇であり、そのために刺激の少ない状況におかれていたことである。とくに個室が長いということは、それだけ反社会的な行為で目の前の困難を解決する必要性が低いということを意味している。少年を集団生活場面に戻し、ロールレタリングで浮かび上がった内的資源を活用できるかを観察することが、更生の指針に役立つかもしれない。

　もうひとつは、支援者との関係性である。少年に「安心感ある関係の内在化」という内的資源があったとはいえ、それをすぐに利用できるようであれば、事件は起きなかっただろう。事件が起きたということは、それを使えない状態にあったことを意味しており、実際少年院での適応も悪かった。支援者との関係があって初めて、内的資源を利用し、理解し合うロールレタリングが可能になったのではないか、という推測は、それほど的外れでもないだろう。

これに関して、本事例では「支援関係」が描かれていない。感情統制の未熟さや規律違反行為、心の痛みとしての安心感の欠如した関係性が、支援者とのあいだでは展開しなかったのだろうか？　そこまで激しくなくとも、不満、抵抗、近づきがたさといった否定的な関係性が展開した可能性もあったのではないだろうか？　それを支援者はどのように取り扱ったのだろうか？　それがロールレタリングにおける理解し合うやり取りにどの程度影響したのだろうか？　といったところは知りたいところである。

　親との否定的な関係が、非行や犯罪に限らず、問題の背景にあると考えることは、それほど難しいことではない。その反面、そうした理解は、形式的で説明的なものになってしまいやすい。むしろ、そこに想定される否定的な関係が支援者とのあいだにも展開していることがわかって、この理解は生きたものとなる。そうして初めて、手応えのある支援につながっていくだろう、というのが、力動的な観点から言えることである。

　特に司法領域においては、憎しみ、怒り、敵意、殺意、嘘、搾取、略取といった、他者を傷つけ自分を損なう要素が混ざりやすい。そうした渾沌とした関係性のなかで、非行少年や犯罪者の"心の痛み"に目を向けて、支援関係において安心感ある関係にたどり着くことが、新しい生き方につながっていくだろう。

行動論からのコメント

中島美鈴

　少年院で実施される面接は、心理的支援を自ら求めてきたクライエントに対しておこなわれるようないわゆる伝統的な構造とは大きく異なる。当然ながら、少年は望んで少年院に入ったわけではなく、最初から心理的支援を求めていたわけではない。つまり、支援の開始時点から、動機づけや関係構築にかなり困難が予想される。さらに、成人受刑者と比較して短期間で社会に戻るため、少年院を出た後の生活環境のなかにどのようなサポート資源を求められそうかを想定しながら、少年から過度な依存を引き出すことなく自分の問題（再非行）の解決（防止）の主体になってもらうことが必要となる。

　本事例は、絶妙な現実感覚で進んでいった支援であったといえる。このバランス感覚に注目して、本稿をまとめていく。

(1)少年の認知に注目して

　認知行動療法では、生育歴の聴取の際、「これまで体験した出来事が現在の認知にどのような影響を及ぼしているのか」といった視点からクライエントを理解していく。

　少年は幼少期より、父親からは暴力を受け、それをかばわない母親にもと育った。さらには、遊びたい盛りの小学生の頃には、妹の世話を担ってきた。おそらく少年は「自分は愛されない」「人は守ってくれない・攻撃する」「しかし、妹の世話をして従うことで生きていける」などの認知を身につけたものと思われる。

　一方で、家出をして、仕事に就き、中学時代からの不良仲間とは19歳近くまで交流が続いていることから、家庭の外で居場所を見つ

ける力をもっていたという見方もできる。もっと言えば、この少年には実父母との体験では打ちのめされながらも、他者を信じられるような小さな芽のようなものがあったのではないか、と感じられた。なぜなら、他の職員には反発したものの、この少年はケース担当者には、心を開いて面接を希望しているし、経過中に少年はロールレタリングで「理想の相談相手」を想定できていたからである。おそらく、職場の上司かもしれないし、不良の先輩かもしれないし、とにかく、この少年にとってこれまでにも少しは信じられる他者がいるという体験があったのではないかと感じた。

　こうした小さな芽の生命力をケース担当者は信じ、少年と共に育てていったのではないか。つまり、生育歴から形成されたネガティブな認知そのものに焦点を当てるのではなく、少年のなかのいくらかある健康的な認知に焦点を当て、その認知を主軸にロールレタリングを進めていくことで、これからの家族との関係を検討していく、という現実的なバランス感覚が奏効したのではないかと感じた。

　また、その作業を開始するにあたっては、既に身に付いているネガティブな認知そのものには焦点を当てないものの、そこに巻き込まれることなく、少し距離をとれるようになることが必要である。

　認知行動療法では、既に身に付いているネガティブな認知について、それを身につけざるを得なかった当時の状況や感情を丁寧に扱ったうえで、今はもはや必要ではなくなった認知を手放す作業をおこなう。実父への鬱積した思いや実妹への嫉妬を扱った面接場面において、少年が「当時の自分はそうすること以外の行動の選択がなかった」と捉えられたことがまさにそれであり、過去を手放し、これからのことに目を向けるためのスタートラインに立つために必要なステップであったと思われる。

　過去を手放してこれからのことに目を向けるもうひとつの手段として有効であったものは、ロールレタリングであった。

(2)安全かつ着実に実施された少年主体のロールレタリング

　認知行動療法では、認知や行動の関係について紙に書き出すなどして外在化することが多い。そうすることで自分を客観的に見つめられるようになり、どんな悪循環に陥っているのかを検討し対処できるようになる。つまり自分が自分自身のセラピストになって、自らの問題を理解し対処できるようになることが治療の目標とされる。

　ロールレタリングはまさに、健全な認知をフル活用した外在化の手法であった。ロールレタリングの、少年自身が気づいていて、安全に向き合える範囲と速度で考えや感情を文字にしながら進めていく点こそが、この面接を安全かつ主体的なものにしていた。少年は、経過のなかでこれまでのことを書き連ね、外在化していった。さらに、実父や実母からの手紙を想定して書く際にも、少年のなかにある健全な認知は主体的にこの面接を牽引していった。この少年のように、出院後の家庭が必ずしも居場所になるとは限らない事例においては、担当者はつい、支援に限界を感じたり、担当者が諸々の問題の解決を一手に請け負ってしまったりして、結果的に少年本人の主体的な問題解決を阻害することもある。しかし本事例では、ロールレタリングという自分で書き進めていく手法を用いたことで、あくまで面接の主体は少年であるという立ち位置を構築できていた。長くとも一年以内に面接が終わる少年院という構造において、この少年主体で面接を進めていくバランス感覚こそ重要である。

　以上の心理的支援によって、少年は「実父がきっと気持ちや考えをきっと理解してくれるであろう」という淡い期待を、「実父母が以前のように少年の意見などに耳を傾けなくなるかもしれない」などの現実的で妥当な認知へと、自ら修正することができた。書かれた膨大な量の手紙を持って出院したのだろうか？　少年にとって成長の証が形に残る手紙もまた、面接が終わった後にも御守のように少年を支えていたように思えた事例であった。

その他の視点からのコメント

羽間京子

(1)親の言動に対するとらえ方——体罰なのか

　概要のなかに、実父から「『体罰』を受けてきた経緯」がある。「体罰」という言葉には時に、しつけの延長というニュアンスが含まれる。しかし、保護者からの子どもに対する身体的暴力や、それを見ている保護者がその行為を止めないことは、児童虐待に当たる。

　実際の臨床場面では、本人の言葉以外に疎明資料がなく、児童虐待があったと判断しきれない場合も少なくない。しかし、そのような事情があったとしても、本事例の理解を児童虐待の観点から試みることは重要である。なぜなら、児童虐待というとらえ方をしたとき、当時の親の関わりは理不尽なものだったとの認識が伴い、支援の方向性が大きく変わりうるからである。冒頭に、このような問題提起をしたうえで、事例を考えていく。

(2)司法関係機関での心理支援の独自性と求められる観点

　少年院や保護観察所などの司法関係機関における心理支援には、他の臨床場面と異なる構造がある。それは、支援の担当者が対象となる人たちの行動を「評価」する役割を担っているという点である。少年院であれば、担当者の評価が進級や出院の判断に影響を与える。留意が求められるのは、評価を担う人が支援者であるという関係が少年に及ぼす影響を意識化する必要性である。さらに、ある種の権力関係のなかで展開される支援であり、少年は関わりを拒否しにくいため、支援者の的確なアセスメントがきわめて重要となる。

　教官が、少年院での適応状況が好ましいものではない背景として

「両親から受け入れられたという経験がなかったからではないか」と問いかけたとき、少年は他者から理解されたという体験をしたのではないだろうか。事実、彼は、実父からの暴力などについて自ら語っている。そして、教官と少年が日常生活を共に過ごす少年院のなかで、少年の感情に焦点を当てようとするなら、感情を直接やりとりするよりも、いったん文字にするという方法を選択したことは、良い判断であったと考える。なぜなら、生の感情から少しでも距離をとることができるからである。また、17枚にも及ぶ少年の父親への感情を目にして、父親から本人への返事を書かせることを差し控えたことも適切であった。ただし、ここで求められるかかわりは、多くの文章となって現れた少年の感情を共に眺め、そこにいて分かちあうことではなかったか。

「理想の相談相手」には、教官の姿が重ねられていたと考えられる。したがって、少年の手紙にあった、理想の相談相手からの、実父の気持ちを考えてみることの促しは、教官の姿勢の影響を示唆するととらえられる。そしてこれは、教官が、実母から少年への返信を書くよう助言したとき、より鮮明となる。本事例を被虐待事例と理解するなら、虐待者の気持ちを理解するようにとの促しは、虐待の原因が少年にもあるとのメッセージとなると言わざるをえない。そもそもロールレタリングは、自分の感情への気づきだけでなく、相手の感情の理解と受容などがもたらされるとされ、少年院では、被害者の心情などを理解するためにも用いられている技法である〔日本犯罪心理学会, 2016〕。非行少年は、自分がした非行の責任を負う。しかし、児童虐待の責任が子どもにはないことは議論の余地がない。

本事例で少年の成長が促進されたととらえるなら、そこに作用したのは、ロールレタリングという技法ではない。少年を理解しようとした教官との関係があってこそ、少年が自らの非行を「悪い」と

判断できるようになるために必要な、「良い自分」としての主体が育まれるのである。こうしたかかわりは、「感情を整理する」という言葉をはるかに超えた営みと位置づけられる。一方、非行事例に限らず、人の回復途上では必ずや、一時的な悪化の時期がくる。本事例ではそうした経緯が見られず、過剰適応が起きている懸念も残る。

　ところで、本件「非行」は、少年のどのような問題を指し示しているのだろうか。自分を下に見るような発言をし、注意を真剣に受け止めない後輩に、少年はなぜ激高し暴力を振るったのか。後輩に家族の誰かを重ねたのだろうか、自分と実父とを同一視したのだろうか、それとも全く別の理解が可能だろうか。本心理支援のみならず、矯正教育の目的に「再非行防止」が含まれている以上、この観点からの検討は欠かせない。

(3)支援の継続に向けて

　「他者に理解された」という体験は、少年のなかで、今後、いきていくかもしれない。最後にもう一つ踏まえておきたいのは、心理支援は少年院のなかで完結しないということである。2015年に少年院法が改正されたことで、少年院は、出院者からの相談を受けることができるようになった。少年院は交通アクセスが良くないことも少なくなく、直接赴くことは難しいかもしれないが、何かあったら少年院に連絡・相談できるとの一言は、出院者を支えるものとなりうる。また、本事例が仮退院となり保護観察に移行したのであれば、保護観察官や保護司に相談することも、伝えていく選択肢として検討していく必要があろう。

文　献
日本犯罪心理学会(編) (2016).『犯罪心理学事典』丸善出版.

第 **5** 章

産業・労働分野

事 例

日高崇博

(1)事例の概要

A氏、48歳男性、既婚。妻45歳（専業主婦）、長男20歳（大学生）、長女17歳（高校3年生）。土木会社に勤務、営業部の係長。

地方にて出生。兄弟はおらずひとりっ子。父親は、現在勤務している会社の役員、母親は専業主婦だった。幼少期は虚弱で病気がちだったこともあり、外で友だちと遊ぶ機会は少なく家の中で母親と遊ぶことが多かった。

家庭は裕福で、おもちゃやゲームなどほしいものは手に入れ、新しいゲームを買ってもらうと友だちに自慢していた。勉強もスポーツも苦手ではないが、熱心に取り組まなかったため成績は芳しくなく、中学校、高校では目立つことはなかった。

父親のしつけは厳しく、挨拶を怠ったり、食事のときの姿勢が悪いと叱られることは当たり前だった。

高校卒業後は大学に進学。父親に『とりあえず大学には行きない』と言われたため、興味はなかったが経済学を学ぶことにした。大学生活では、親元を離れたこともあり自由気ままに過ごした。就職活動に身も入らず、大学4年生の秋ごろになっても、就職先は決まっていなかった。そんなAの様子を見た父親は『就職もしないでどうする！ みっともない。話を通しといたから採用面接を受けろ』と言われ、そのまま現在の会社に就職した。

就職後は本社営業部に所属。先輩からは「営業は攻めていけ」と

いう指導を受けたことがきっかけで、商談のときには口調が強く、強引な交渉をするため社外の評判は低かった。

　就職して5年目に同僚と結婚。結婚を機に妻は退職。その後、間もなく長男が誕生し、3年後には長女が誕生した。この間、異動で東北の事業所に配属された。

　このときの上司は敏腕で知られ、部下への指導も厳しかった。Aも勤務態度や客先での態度を叱責されることが続き、苦手意識があった。このころから体調を崩しやすくなり、短い期間での休職を繰り返すようになった。環境の影響があるのではないかと心配した人事の配慮で本社に戻ったが、異動後も失敗や叱責を受けると体調を崩す傾向は変わらず、大きな責任が伴う仕事を避けるようになった。

　長男が高校生になったとき、部活の先輩と喧嘩をして怪我をすることがあった。このときAは『喧嘩で負けてどうする!』と息子を叱責。『俺が話をつける』と立腹し学校に乗り込むことがあった。このことがきっかけとなり、家庭内のコミュニケーションがギクシャクし始めた。

　Aのパフォーマンスの低下を心配した上司は、産業医の面接を受けるように指示。Aはしぶしぶその指示に応じた。産業医は、顕著な症状がないことを確認すると《社内の健康相談室に公認心理師がいるので、相談してみませんか》と勧めた。Aは『カウンセリングは心の弱い人が受けるものでしょ!?』と産業医にくってかかったが、上司や人事にも相談を勧められたため、公認心理師B（企業内常勤カウンセラー）の面接を受けることになった。

(2)見立てと方針

公認心理師B〔以下、B〕に産業医から面接の依頼があった。産業医からは「体調には落ち着いているけど、パフォーマンスが安定していない。職場適応に問題がありそうだけど、自分の問題を整理できていないから面接で振り返りを促してほしい。職場での様子は上司が把握しているから確認しておいて」との指示だった。

Bは、上司にAの職場での様子を確認するために連絡をした。上司からは「仕事量は部署内の配慮もあって他のメンバーよりは少ないのに"忙しい""上司のマネジメントが悪い"と揚げ足をとってくる。後輩や営業先には横柄な態度で接するため、評判はよくない。同僚からは『給料は高いのに仕事をしていない。やっていられない』といった声も聞かれる。職場としてもどうしたらいいものか」という情報が確認された。

Bは、Aとの面接を開始するにあたって、①パフォーマンスや職場内の人間関係についてどう認識しているのか、②内省的な振り返りができるか、もしできないのであれば、どのような対応が必要になりそうかを確認することにした。

(3)支援の経過

初回の面接日、Aは予定時間の30分も前に来室。『早く終わらせたい』との理由だった。相談室に案内すると椅子に横柄な態度で腰を掛け、落ち着きなさそうに貧乏ゆすりをしていた。Bが《公認心理師のBです》と挨拶をすると、『先生はおいくつですか?』『今の仕事をして何年目ですか?』と矢継ぎ早に質問を繰り返した。《何か気になりますか?》と尋ねると、『いや、自分より若い人のカウンセリングを受けるとは思ってなかったので』とのことであった。

《Aさんは、上司や産業医に勧められて、しぶしぶ来室されたのですね。お忙しいなか、お越しいただいてありがとうございます》と

労いの言葉を掛けると、『そうなんです。本当まいっちゃいます』と微笑みながら応じた。《せっかくお越しいただいたので、Ａさんのお仕事の様子などお聞かせいただけないですか》と尋ねると、Ａは嬉しそうに仕事のことを話し始めた。

Ｂは、人事や産業医から仕事のパフォーマンスに関する事前情報とＡが話す内容の違いに違和感を覚えたが、《頑張っていらっしゃいますね》と共感的に聴くに留めた。面接の終了時間になったため《それじゃあ、今日はここまでですね》と促すと、『次回はいつですか? 続くんでしょ?』と自ら次回の予約をとった。

2回目の面接でも、予約時間よりも早目に来室し、横柄な態度は変わらないが、前回よりも落ち着いているようだった。

面接では、共感的にＡの仕事ぶりを労いながら、Ａが困っていることは何か問題点の整理をおこなった。Ａは『仕事は忙しいですよ。でも、今は家族の方が気になりますかね』と、家族とのコミュニケーションがうまくいかないと嘆いた。

その後、Ａとの面接は毎週一回のペースで10セッションおこなわれ、それ以降は不定期で面接をおこなうことにした。面接のなかでは、仕事に関する愚痴やプライベートの様子が語られた。

Ｂは、Ａの話を共感的に聴きつつも、職場での人間関係やパフォーマンスに焦点を当て、Ａの自己評価と周囲からの評価の違いについて振り返りを促すようにした。同時に、上司や部署へのエンパワーメントをおこないつつ、マネジメントの方法について継続的なコンサルテーションをおこなった。

(4)事例を振り返って

Ａの職場内での問題の背景に生育歴（特に父子関係）が影響してい

ることは、容易に想像できた。Aの「生き方」と「働き方」とが表裏一体となっていることにアプローチの難しさを感じたが、職場内での支援であるため、まずは会社員として安定して働けるように支援することを優先した。

　自己評価の高さや他罰的な態度については、共感的に接しつつも、職場内で問題となっているパフォーマンスや人間関係については、そもそもAが自分自身の問題として認識できていないため、Aの認識と職場の認識とをすり合わせる必要があると考えられた。職場からの情報を踏まえ、双方の認識のズレがどこから生じているのか、そのうえでAが改善を試みなければならない現実的な問題はどこにあるのかを、ひとつひとつ振り返る必要があり、これは今後も継続的な課題となると考えられる。

　同時に、職場内のAに対する陰性感情がマネジメントや部署内の人間関係に影響し、そのことにAが反応してしまうという悪循環も生じていると考えられた。上司や同僚の負担を労いつつも、適切なマネジメントができるように働きかけが必要である。産業医や人事との連携しながら対応を進めていきたい。

力動論からのコメント

山科 満

　この事例は、産業領域での面接としては生活史・家族背景の事実関係がそれなりに詳しく記述されている。Bがていねいに「共感的な」関わりを続けたからこそ、AがBをある程度、信頼し心を開き、

本来なら語りにくかったであろう父子の話題も面接で出されたもの
と思われる。

　しかし、この場合の「共感」は両刃の剣であり、Aが低い自己評
価ないし傷つきやすさを防衛して誇大的・攻撃的な態度をとってい
ることをただ強化して、Aが自身の現状を直視したり感情に触れた
りすることを妨げる結果をもたらしている可能性を考慮する必要が
ある。同じ意味で、職場に対するコンサルテーションも、それ自体
は職場の負担感を若干和らげる効果はあったかもしれないが、合意
された面接方針とは逆に、Aに対しては暗に「自分の問題とは向き
合わなくてよい」というメッセージになっていた可能性もある。非
適応的な防衛を治療者が強化してしまうことは、どのような治療ス
タンスであれ絶対に避けたいことである。

(1)反復される対人関係から想定されること

　生活史から理解されるのは、Aは、欲望を即座に叶えてくれる母
親と、厳しい叱責を繰り返す支配的な父親の元で育ったということ
である。父親に対しては強い反発があったことは想像に難くないが、
問題はそれに止まらない。

　Aの欲望に強い抑圧がかかっていたわけではないことは、学生時
代の気ままな生活ぶりや、女性と出会って二年以内で結婚し間もな
く子どもが生まれていることから窺い知ることができる。つまり、
Aは父に潰されたわけではない。欲望を即座に叶えてくれる母親の
元で、Aは父と真正面から向き合うことはせずただ反発だけを抱き
つつ、それを表出することはなく消極的・受動的な態度で静かに反
抗を続けていたものと思われる。怒り・攻撃性の発露が許される状
況ではAはためらわずそれを表出している。取引先に対してもそう
であるし、子どもが先輩から怪我を負わされた際も、「子どものた
め」ではなく自分の攻撃欲を満たすために、相手をやり込めている。

家族との関係が悪化するのも当然であろう。

　陳述された生活史から推測されるのはそれだけではない。Aは困難を受け止め自力で打開する経験をもつことはなく、そのようなチャレンジもしてこなかったということである。おそらく今に至るまで、何か上手く行かないことがあると「父のせい」という考えが意識的にも無意識的にも働く一方で、痛みを即物的に和らげてくれる母親的な存在を求めても職場にいるはずもないため、叱責や失敗で容易に身体症状を呈することになったと思われる。

　つまり、Aと父母との間で幼少時から続いてきた関係性は、Aが親元を離れた後のAの人生にも大きな影響を及ぼし、Aは似たような対人関係を今日まで繰り返しているのである。この「理解」を、Aをけっして貶めることのない言葉を選んで伝えることが、最初の介入のポイントとなる。例えば、生活史を聞き取るなかで（あるいは話題がそこに再度及んだ際に）《そういう体験を繰り返すなかでは、「自分の力で状況を変えられる」という手応えを掴みにくかったでしょうね。小さいときも職場でも。それは今に至るまで、Aさんにとって苦しさの根源にあったものかもしれません》という言い方をするのもよいであろう。

　そのうえで、「自分を苦しめていたものの正体が見えれば、人は何歳であっても変わる方向に踏み出すことができる」という心理職としての見解を伝え、Aが変わるためにAとBが共同作業をすることを提案する。職場への介入も、Aが自力で変わろうとする際に少しハードルを下げる、という意味あいでおこなうのであれば（もちろん、その意味合いをAにていねいに説明し共有されれば）、BはAの母親代理にならずにすむだけでなく、Aの成長を後押しするセラピスト機能を発揮することにもなる。

(2)対等な交流に向っているかどうか

　ここで危惧されるのは、Aが同性の他者と対等で親密な交流をもつことが出来にくかったに違いないという点である。Aの小学生時代はそうであり、おそらく思春期・青年期以降の友人関係も「上か、下か」で見るのが基本であったと思われる。初対面の際の態度にもそのことがよく表れている。心理面接においては、年齢に影響されることなく対等な人と人との関係が成立しうるものである。しかし、Aにはそれが難しい。

　Aは父親に怒鳴られる不安を置き換えてBに対して見かけ上従順な態度をとるようになったのかもしれず、あるいは職場にアプローチしてくれるBを、願望を即座に叶えてくれる母親になぞらえて見ているのかもしれない。Aとの関係の質が、親子関係の再演に留まっているのか、それとも対等な人と人との関係に移行しているのかを、Bは慎重に見定めながら面接をおこなう必要がある。面接関係が親子関係の影響から逃れられないのであれば、その際は力動的な心理療法の提供を検討するべきであろう。

行動論からのコメント

竹田伸也

(1)ヒストリーから読み取れる"生きづらさのワケ"と"支援方針"

　事例の振り返りでは、"自己評価の高さ"という言葉がAの説明として用いられているが、Aはむしろ極端に自己評価が低い状態にあるように思う。事例の概要および経過を読むと、Aの行動は"負の強

化"によるものが圧倒的に多いようにみえる。

　負の強化とは、行動することによって不快な刺激が消失することでその行動が増す現象をいう。Aにとっての不快な刺激。それは、「失敗する可能性」ではないだろうか。そして、強化されている行動は、「攻撃的言動」である。取引先や部下に対して攻撃的に対応することで、自分の意を汲ませようとする。最悪失敗に終わっても、「これだけ言ったのにうまくやらなかった相手が悪い」というエクスキューズも効く。子どもの喧嘩に対する過剰な行動なども、失敗する可能性から逃れようとする一連の負の強化として理解できなくもない。つまり、「攻撃的言動」には失敗する可能性からの「回避・逃避」という機能が備わっているのである。まさに、Aにとって"攻撃は最大の防御"だったのではないだろうか。

　そのような行動が強化された背景として、「社会的文脈で"正の強化"を受けた」というヒストリーの欠如が考えられる。虚弱なため外で友だちと遊ぶ機会が少なかった。おもちゃやゲームなど親の経済力に由来する持ち物で友達から評価をされた。勉強もスポーツも苦手ではないが、熱心に取り組まないので目立つことはなかった。父に言われて大学に通った。父のお膳立によって会社に就職した。これらはいずれも、「等身大の自分」で社会のなかに立ち、試行錯誤する機会を逸した、という共通点を伴う。

　正の強化にとって重要なのは、"快い刺激"である。等身大の自分でふるまった結果、人から温かい関わりを得る。仮にうまくいかなくても、「次からこうしよう」のような成長につながる気づきを得る。これらの快刺激により、等身大の自分による自律的行動が強化される。「将来は必ず大リーガーになる」という誇大な自己像から、「趣味で草野球が続けられたらいいか」という等身大の自己像に着地することが、私たちの成長のプロセスの一端でもある。

就労者のパフォーマンスを高めることは組織にとって重要であり、ここに焦点を当てたＢの方針は、産業・労働分野における心理師として妥当であろう。ただし、職場でのＡの人間関係やパフォーマンスに焦点を当てるのであれば、「うまくいっていないことに直視することへの脆弱さ」に十分配慮することが求められよう。また、Ａの了承のもとに攻撃的言動の意味と対応を職場スタッフに伝えることで、Ａを守り職場に配慮するバランスのとれた関わりも必要となる。今後の展開として重要なのは、"何かを避けるため"というこれまでのＡの生き方を方向づけたパターンに通底する支援に陥らないことである。支援の目標が、「Ａの望まない何かを避ける」となってしまえば、Ａのこれまでの生きづらさを強めてしまう。Ａが大切にしたいことは何か、そこに近づくために何ができるかという"正の強化"によって育まれる生活の変化が、Ａの現状を打開するために必要ではないかと思う。

(2)心理師の放つ言葉の持つ作用を自覚する

　最後に、心理師の対応について触れておきたい。事例では、心理師ＢがＡの話を"共感的に聴く"場面がしばしば見られる。共感的態度は、どのような立場であれ心理的支援を行う基本である。しかし、クライエントの内的体験についての深い理解を伴わないと、こちらの心に共感が湧き起こることはない。Ａの話に違和感を覚えているにもかかわらず共感的に聴くというのは、少なくともＢの内的体験として矛盾する。このような状態での共感的応答が、Ａにとって治療促進的に体験されることはない。

　Ａの話を聞いていてＢが違和感を覚えたのは、上司や産業医から聞いていた内容とＡが話す内容に離齬を認めたためであろう。にも

かかわらず《頑張っていらっしゃいますね》と応じるのは、Aの訴えを「客観的事実」として聞き過ぎてしまっている。このような応答は、Aにしてみたら「自分はよくやっているのに、上司のマネジメントが悪い」という他罰的態度が正当化されたことになる。行動論的に見ると、Aを苦しめている体験様式をBが強化している。Aの体験様式が彼の生きづらさを強めているとすれば、専門家であるBからこのようにオーソライズされてしまうと、Aの苦しみはますます強められてしまう。

　では、どのように応じればよいか。少なくとも、心理師に共感的理解が伴うまで共感的応答は慎んだ方がよい。そのうえで、クライエントの訴えを「主観的事実」として扱うことはできる。クライエントにとって、「そう感じている」という一点において、それは主観的事実なのである。《そう感じていらっしゃるのですね》とか《そう考えると○○ですね》のように、相手の訴えを主観的事実として受け止める。これだと、心理師の内的体験としても矛盾は生じず、クライエントは自分の訴えを承認されたと感じることができる。同時に、「そう捉えてしまうことが、自分を苦しめているのかもしれない」と、自分を生きづらくさせている問題への気づきを促す機会を提供することにもなる。

　いずれにせよ、「こちらがクライエントに届ける言葉にはどのような作用があるか」を自覚することは、共感と並び、心理的支援を展開する際の基本的態度となる。

その他の視点からのコメント

八巻甲一

(1)ファーストコンタクトでの共感的態度がもたらす意味

心理支援を目的とした面談をおこなううえで、支援対象者とのファーストコンタクトである初回面接での関係構築（ラポール）の成立は極めて重要である。それは理論的立場を超えてどの支援者も最優先することである。なぜなら、関係構築は支援の基盤になることであり、このことが築けなければ支援そのものが成り立たないと認識しているからである。今回のケースではそれが実にうまくいったと言える。『面接を早く終わらせたい』と30分も前に来室し、カウンセリングを受けることに積極的とは見られないAだったが、面接終了時には『次回はいつですか？ 続くんでしょ？』と面接を楽しみにするかのような発言を見れば明らかである。事実、その後も面接は順調に継続した。

今回、関係構築が成り立った要因のひとつに、公認心理師BのAに対する一連の"共感的態度"が挙げられる。Bが産業医やAの上司から得ていた情報は、「社内で評判がよくなく、横柄で自分のことは顧みず、多忙さを上司のせいにする人」というネガティヴなものであった。つまり、周囲から「問題のある人」と見られていたのである。こうした人物像に加え、実際に来談したAの様子も横柄なものだった。しかし、Bはこうした周囲からの情報や対面した時のAの態度に惑わされることなく、まずは来談そのものを労い、また、事前情報との違和感を覚えながらも、Aの話に「共感的に聴くに留めた」のである。

このファーストコンタクトでの一連のBの態度がAに及ぼした影響は大きい。おそらくAにとっては、「自分の話に関心を持ってくれた初めての人」であった可能性が高い。そうしたBとの話を通じて「ここは話したいことを話せる場だ。聴いてもらえるならもっと話したい」という気持ちにさせたことは、疑いの余地がない。

　Aの日常世界を考えてみれば、それは容易に想像できる。周囲から「問題のある人」とみなされているとしたら、職場で浮いていた可能性が高く、決して居心地がよくなかっただろう。職場で孤立し寂しい日常生活を送っていたのである。また家庭生活でも、自ら招いているとはいえ、けっして安息の場ではなかったことが伺われる。こうしたAの日常生活を考えると、Bが共感的に聴いてくれることが、Aにとってどんなにうれしいことだったかが想像できる。

　共感とは「相手の感じを相手の枠組みに沿って、その人のように分かること」〔平木, 2004〕と言われる。このことは、表面的にねぎらったり、わかったようなそぶりを見せることではなく、相手に対する強い関心や、深い理解をしたいという気持ちが伴ってはじめて可能となるものである。横柄な態度を示すAにこのような態度で接することは、簡単なことではない。しかし、それを当たり前のようにしたことで、この面接は順調な滑り出しが出来た。あらためて、初回面接でのカウンセラーの"共感的態度"がどれほど重要であるかの証左と言える。

(2)企業内カウンセラーの立ち位置——中立性の確保と援助観の問題

　カウンセラーの支援目的は、クライエント自身への支援であるが、企業内カウンセラーの場合、この目的を見失わないようにクライエントと面接を進めることが、時に難しいこともある。今回のケース

がまさにそうである。

　会社側がカウンセリングに期待するのはAの職場での態度の改善であるが、A自身はむしろ会社（上司）を問題視している。この良好ではない二者関係の間にBは立たされることになった。こうした時、企業内カウンセラーには、「第三の立場」すなわち中立的であり続けることが求められる。会社側に加担することは、クライエントの反発を招きカウンセリングに悪影響を与えるだろうし、クライエントに加担することは、クライエントが本来取り組むべき課題を見失うことにつながる恐れがある。なにより、協力を仰ぐことの多い会社側との対立は避けなければならない。どちらとも対立することなく、クライエントへの支援という目的を遂行しなければならないのが企業内カウンセラーの立ち位置であり、また、支援のやりがいにもなることである。

　そうした意味でこのケースでのBの対応は適切だった。Aとのカウンセリングを続ける一方、Aに対する徒労感や対応に苦慮している上司や部署へのエンパワーメントをおこないつつ、指示や指導の仕方について継続的なコンサルテーションをおこなった。これは、面接という枠を守ることであると同時に、クライエントを守ることにもなっている。面接でのクライエントの変化は、周囲が期待するようには行かないことが多い。カウンセラーは会社側の期待を感じつつも、その期待に影響されることなく、クライエントの成長に粘り強く付き合うことが求められるのである。

　さて、クライエントの成長という観点からみると、Bが挙げた「職場への適応を改善することを優先課題として……」は、一見当然に見えるが、この方針は慎重に考える必要がある。カウンセラーの援助観に関係することだが、職場適応という直面する課題の解決とは別に、その人がその人らしい生き方を目指す支援も、カウンセリン

グの目指すところとしてあるからである。

　企業内カウンセラーにとって、支援の目標をどこに置くかは、"中立性"とは別に、「支援者としてどうありたいか」が問われるとても大切な課題と言える。

文　献

平木典子 (2004).『新版　カウンセリングの話』朝日新聞社.

編者あとがき

　《公認心理師 実践ガイダンス》全四巻のシリーズのうち、編者らは
『心理支援』を担当した。このパートは、従来の臨床心理学の入門書
や教科書などであれば「心理療法」や「臨床心理面接」に該当すると
ころであろう。

　これまでに出版されてきた「心理療法」などの数多の書籍において
も、本書と同様に、精神分析などの力動的な理論的立場、行動主義や
認知行動療法などの理論的立場、そして人間性心理学やパーソンセン
タード・アプローチなどが紹介されてきた。それでは、本書の特徴は
どこにあるのだろうか。読者はもうお気づきのことと思うが、改めて
あとがきの紙面を借りて筆者らの考えを述べてみたい。

　本書は〈公認心理師カリキュラム等検討会〉の報告書に基づき、大
学院の科目「心理支援に関する理論と実践」に含まれる内容に対応し
ている。力動論、行動論・認知論、その他の心理療法という枠組で、
各種の理論を解説している。ここまでは従来のスタイルと大きく違い
はない。しかしその中身をよく読んでほしい。

　【理論篇】の各著者は、その専門とする理論を解説しながらも、その
理論に固執していない。そうではなく、理論を手段としていかに支援
をおこなうかという実践的な記述、他の理論や概念を取り入れた記述
がなされている。常にクライエント（新しい用語を用いるならば、「支援を
要する者」）の支援をいかにおこなうかを考慮している。「それぞれの理
論的立場が、おのおの形成してきた小さなコミュニティのなかの独自
の言語を用いて、その世界観を紹介する」というこれまでのスタンス

とは異なっている。内集団に向けられた内容ではなく、外集団に社会的に向けられた成熟した内容となっている。このように理論よりも"実践"に重点がおかれるのは、本書の著者が皆、「ほんとうに役に立つ支援は何か?」に関心を寄せているためであろう。

【実践篇】になると、その傾向はさらに明確なものになっている。

三つの理論的立場からのコメントのなかでも"理論"は脇役であり、主役は事例（著者の経験から創作された架空事例を含む）とその事例提供者、そして理論を拠りどころにしている心理支援の実践者たちである。五つの領域における実践こそが主題であると言ってもよいだろう。心理支援において必要となる知識・知恵が、各理論的立場より出て、実践領域ごとに再構成されつつある様相が、本書全体からは感じ取れるのではないかと思う。

　

最後に、本書を共に創作してくださった著者と関係者に感謝の意を伝えたい〔以下、掲載順〕。

まずは【実践篇】で各領域での実践事例を提供された永田忍先生、真澄徹先生、高橋美幸先生、奥田眞先生、日高崇博先生に感謝申し上げたい。その事例（架空事例）がどのような視点から検討されるかなどが手探りのまま、ほんとうに大切な事例と経験を惜しみなく提供してくださったおかげで、本書が価値あるものになった。

そしてコメントをしてくださった山科満先生、竹田伸也先生、田村隆一先生、工藤晋平先生、井上雅彦先生、内海新祐先生、井上直子先生、神村栄一先生、園田雅代先生、中島美鈴先生、羽間京子先生、八巻甲一先生にもお礼申し上げたい。高い専門性に裏打ちされた知恵、現実的で実際的な視点を、本書に豊富に散りばめることができた。

【理論篇】の井上直子先生と有村達之先生にも、最初に述べたように洗練された理論解説をしていただくことができた。感謝申し上げる。

編集者の津田敏之さんには、大変お世話になった。このあとがきを書いているあいだにも筆者は、ここ数ヵ月のおそらく不眠不休の編集業務のために、寿命を縮められたのではないかと思っている。津田さんなくしては、本書の企画立案から出版までのどのプロセスも全くうまくいかなかったと言っても過言ではない。編者は一生、津田さんに頭が上がらないだろう。

2019年4月

金子周平・小林孝雄

索　引

【あ行】

愛着 ································· 72, 100, 104, 105, 130, 135

アクセプタンス ·································▶受容

　〜＆コミットメント療法 ·························· 49

アセスメント ── 22, 28, 72, 73, 83, 89-91, 105, 141

1歳半健診 ··· 112

一致 ·······································▶自己一致

イド ································· 23-27, 29, 30

居場所 ·························· 96, 100, 130, 138, 140

意味への意志 ·· 67

インフォームドコンセント ·············· 37, 43, 105

WISC-IV ····························· 115, 119, 123

AEDP ·······················▶加速化体験力動療法

エクスポージャー法（曝露法） ········· 43, 44, 90

SST ·· 73

エビデンス ···················· 11, 39-41, 48, 49

エビデンスベースト・アプローチ ·········· 39, 40

援助要請 ······································ 23, 122

エンパワーメント ···························· 149, 159

【か行】

外在化 ·· 31, 140

解釈 ····························· 20, 21, 30, 32, 70, 88

回避 ··················· 27, 91, 106, 122, 123, 154

　〜機能 ····································· 45, 106

　〜行動 ·· 122

仮説 ························· 37, 64, 71, 118, 122

加速化体験力動療法（AEDP） ·············· 34, 71

家族療法 ·· 12, 53

葛藤 ······································· 27-31, 33

　〜保持能力 ·· 31

関係性 ················· 46, 100, 109, 135-137, 152

機能分析 ·· 37

技法折衷 ·· 71

強化 ·············· 33, 45, 58, 106, 122, 151, 154, 156

　正の〜 ···························· 45, 46, 154, 155

　負の〜 ·································· 45, 46, 154

境界水準 ······································· 29, 31

共感的理解 ················· 20-23, 30-33, 55, 59-63

126, 156

　〜の伝達 ······························ 59, 61, 126

共通因子 ·· 70, 71

クライエント中心療法 ············ 12, 48, 52-63, 72

芸術療法 ·· 72, 73

傾聴 ··· 45, 106

ケースフォーミュレーション ·········· 36, 37, 43

限界 ·································· 11, 73, 123

幻覚 ·· 33

行為 ················· 20, 62, 105, 130, 135-137, 141

構造

　治療〜 ····························· 29, 32, 33, 117

　面接〜 ································· 138, 140

構造論 ·· 23

行動療法 ································· 41, 70, 84

　弁証法的〜 ···························· 48, 49, 71

行動論 ········· 10-13, 36, 41, 71, 89, 91, 104

106, 120-123, 138, 153

コンサルテーション ················· 149, 151, 159

【さ行】

三条件（セラピストの） ……………… 59, 62, 63, 126

自我 ……………… 23-28, 30-34, 101, 104, 125

　～違和 ……………………………………… 30

　～機能 ……………………………… 27, 32, 33

　～親和 ……………………………………… 31

　～の強さ／脆弱性 ……………… 25, 29, 31-33

　観察～ ……………………………… 28-30, 33

　体験～ ……………………………………… 28

試験観察 ……………………………………… 134

自己一致 ……………… 55-59, 63, 65, 71, 125, 126

自己実現欲求 ………………………………… 52

支持

　自我機能の～ ……………………………… 33

　存在の～ …………………………………… 33

自他相互信頼 ………………………………… 125

自他の区別 …………………………………… 30

実現傾向 ……………………………… 52, 58, 59, 63

実存 …………………………………………… 12, 66

　～的アプローチ …………………… 52, 66-68

実存分析 ……………………………………… 67

疾病利得 ……………………………………… 46

自動思考 ……………………………… 47, 48, 83

社会構成主義 ………………………… 53, 69, 70

就労支援 ………………………………… 105, 107

受容（アクセプタンス） …… 14, 15, 41, 48, 49, 55, 57
　　　　　　　　　　　　　60, 62, 73, 106, 142

条件づけ ………………………………… 42, 121

　オペラント（道具的）～ ………… 41, 44-46

　レスポンデント（古典的）～ ………… 41, 42

情報 ……………… 38, 83, 84, 90, 94, 105, 108, 110
　　　　　　　　117, 120-124, 148-150, 157

初回面接 ………………… 112, 118, 157, 158

神経症 ……………………………………… 88, 119

　～水準 ……………………… 29, 30, 97, 105

　～的葛藤 …………………………………… 87

身体感覚 ……………………… 21, 75, 83, 84, 89, 90

審判 ………………………………………… 134

信頼 ……………… 21, 33, 37, 97, 104, 105, 110, 125

心理教育 …………………………… 23, 38, 83, 89

ストレス …………………………… 33, 38, 48, 49

精神交互作用 ………………………………… 74

精神病（～水準） ……………………… 30-32

精神分析 ……………… 11, 12, 20, 22, 36, 52
　　　　　　　　　　　53, 66, 70, 88

生物心理社会モデル ………………………… 22

責任（心理師の） ……… 99, 103, 109, 110, 124

絶対臥辱期 …………………………………… 74

【た行】

体験過程 ……………………… 60, 61, 64-66, 126

体験的ステップ ……………………………… 93

対象

　～恒常性 …………………………………… 33

　良い～／悪い～ …………………………… 31

態度 …………… 12, 14, 15, 20, 21, 53-56, 59-63
　　　　　　　65, 67, 68, 71, 156-158

多職種連携 ………………………………… 127

超自我 ……………………………………… 23-30

治療契約 ……………………… 29, 32, 33, 92

抵抗 …………………………… 29, 103, 137

転移／逆転移 ……………… 22, 29, 30, 32, 33
　　　　　　　　101-104, 135

投影性同一視 ………………………………… 31

動機づけ ……………… 72, 89, 120, 135, 138

統合的心理療法 ………………………… 70-72

同盟 …………………… 21, 28-30, 32, 53, 118

　治療～ …………………………………… 71, 92

【な行】

内観療法（内観法）	74
内的準拠枠	127, 128
内的対象	24-26
ナラティヴ・セラピー	12, 53, 69, 70
認知	36, 41, 47, 48, 86, 88, 90
	91, 106, 115, 138-140
～再構成法	47
否定的な～	47, 48
認知行動療法	11, 36-41, 46-49, 52, 72
	82, 92, 138-140
認知論	10, 11, 13, 36, 41

【は行】

破局的イメージ	83, 84, 88
箱庭療法	72, 73
パーソナリティ（～構造の水準）	23, 28-33
パーソンセンタード・アプローチ	12, 13, 54
	66, 125
ハローワーク	98, 99, 102
反射	54
反証可能性	36, 37
ひきこもり	96, 100, 104-106
非指示的	62
否認	27
ヒポコンドリー性基調	74
評価の所在	56
表現療法	72, 73
病識	32
不安	21, 26, 27, 30-33, 39, 43, 44, 83, 85
	88-93, 106, 107, 113, 115, 117
	119, 125, 133, 153

呑み込まれ～／見捨てられ～	31
不安階層表	43, 44, 83, 87
不安症	39, 40, 42, 48
フェルトセンス	35, 92, 94
フォーカシング	12, 64-66, 72
～指向心理療法	66, 92
分裂	27, 31, 32
防衛機制	26-28, 30, 31, 33, 88, 101-104, 135
保護観察	134, 143
保護観察所	141
ホームワーク（HW）	39, 44, 83, 89, 90

【ま行】

マインドフルネス	41, 48, 49, 71
無意識	11, 20, 25-27, 31, 87, 88
	101, 108, 135, 152
無条件の肯定的配慮	56, 59, 60, 128
妄想	33, 106
物語	70, 91
森田療法	74
問題解決	37, 91, 117, 140

【や・ら行】

薬物療法	37, 38, 82
遊戯療法	72, 73, 119
抑圧	27, 30, 72, 127, 151
欲求不満耐性	33
ラポール	157
力動的心理療法	20-34, 70, 153
理論統合	70, 71
臨床動作法	75
ロゴセラピー	67, 68

著者紹介

有村 達之 （ありむら・たつゆき） 九州ルーテル学院大学 人文学部 教授

井上 直子 （いのうえ・なおこ） 桜美林大学大学院 心理学研究科 教授

井上 雅彦 （いのうえ・まさひこ） 鳥取大学大学院 医学系研究科 教授

内海 新祐 （うつみ・しんすけ） 川和児童ホーム 心理療法担当職員

奥田 眞 （おくだ・まこと） 東日本少年矯正医療・教育センター 法務教官

金子 周平 （かねこ・しゅうへい） 九州大学大学院 人間環境学研究院 准教授

神村 栄一 （かみむら・えいいち） 新潟大学大学院 教職実践学研究科 教授

工藤 晋平 （くどう・しんぺい） 名古屋大学 学生支援センター

小林 孝雄 （こばやし・たかお） 文教大学 人間科学部 教授

園田 雅代 （そのだ・まさよ） 創価大学大学院 臨床心理専修 教授

高橋 美幸 （たかはし・みゆき） 足立区こども支援センターげんき 教育相談員

竹田 伸也 （たけだ・しんや） 鳥取大学大学院 医学系研究科臨床心理学専攻 准教授

田村 隆一 （たむら・りゅういち） 福岡大学 人文学部 教授

中島 美鈴 （なかしま・みすず） 九州大学大学院 人間環境学府 博士後期課程

永田 忍 （ながた・しのぶ） 就実大学 教育学部 准教授

羽間 京子 （はざま・きょうこ） 千葉大学 教育学部 教授

日高 崇博 （ひだか・たかひろ） 一般財団法人 日本予防医学協会 九州事業部

真澄 徹 （ますみ・とおる） 社会福祉法人 フロンティア

八巻 甲一 （やまき・こういち） 株式会社 日本・精神技術研究所

山科 満 （やましな・みつる） 中央大学 文学部 教授

監修者紹介

野島 一彦 (のじま・かずひこ)

熊本県生まれ。1970年、九州大学教育学部卒業。

1975年、九州大学大学院教育学研究科博士課程単位取得後退学。博士 (教育心理学)。

福岡大学教授、九州大学大学院教授を経て、2012年から跡見学園女子大学文学部教授。

現在、跡見学園女子大学心理学部教授、九州大学名誉教授。

著書・監修書に『エンカウンター・グループのファシリテーション』〔ナカニシヤ出版, 2000年〕、『グループ臨床家を育てる』〔創元社, 2011年〕、『心理臨床のフロンティア』〔同, 2012年〕、『人間性心理学ハンドブック』〔同, 2012年〕、『ロジャーズの中核三条件 共感的理解』〔同, 2015年〕、『公認心理師 分野別テキスト』全5巻〔同, 2019年〕ほか多数。

岡村 達也 (おかむら・たつや)

新潟県生まれ。1978年、東京大学文学部卒業。

1985年、東京大学大学院教育学研究科第1種博士課程中退。

東京都立大学助手、専修大学講師・助教授を経て、1998年から文教大学人間科学部助教授。

現在、文教大学人間科学部教授。

著書・共著書に『カウンセリングの条件——クライアント中心療法の立場から』〔日本評論社, 2007年〕、『カウンセリングのエチュード——反射・共感・構成主義』〔遠見書房, 2010年〕、『傾聴の心理学——PCAをまなぶ: カウンセリング／フォーカシング／エンカウンター・グループ』〔創元社, 2017年〕ほか多数。

編著者紹介

小林 孝雄 (こばやし・たかお)

新潟県生まれ。1993年、東京大学文学部卒業。

東京大学大学院教育学研究科博士後期課程退学。

東京大学学生相談所助手、文教大学人間科学部講師を経て、2015年から文教大学人間科学部教授。

著書に『カウンセリングのエチュード』共著〔遠見書房, 2010年〕、『人間性心理学ハンドブック』分担執筆〔創元社, 2012年〕など。

金子 周平 (かねこ・しゅうへい)

山口県生まれ。2002年、九州大学教育学部卒業。

九州大学大学院人間環境学府人間共生システム専攻心理臨床学コース博士後期課程単位取得後退学。博士 (心理学) 学位取得・九州大学。

鳥取大学大学院医学系研究科講師を経て、2016年から九州大学大学院人間環境学研究院准教授。

著書に『基礎から学ぶ心理療法』分担執筆〔ナカニシヤ出版, 2018年〕、『事例から学ぶ心理職としての援助要請の視点』分担執筆〔金子書房, 2019年〕など。

kodachi no bunko

公認心理師 実践ガイダンス
2 心理支援

2019年6月25日　初版第1刷発行
2020年9月25日　初版第2刷発行

監修者
野島一彦・岡村達也

編著者
小林孝雄・金子周平

発行者
津田敏之

発行所
株式会社 木立の文庫

〒600-8449
京都市下京区新町通松原下ル富永町107-1
telephone 075-585-5277
faximile 075-320-3664
https://kodachino.co.jp/

編集協力
小林晃子

デザイン
尾崎閑也（鶯草デザイン事務所）

本文組版
大田高充

印刷製本
亜細亜印刷株式会社

ISBN 978-4-909862-03-7 C3311
© Kazuhiko NOJIMA, Tatsuya OKAMURA 2019
Printed in Japan